慈溪新藏歷代墓誌地券拓片輯録

厲祖浩　主編
慈溪市文物保護中心　編

上海古籍出版社

《慈溪新藏歷代墓誌地券拓片輯録》

主　編

厲祖浩

編　輯

高國明　許建青　宋少維

前　言

雖然書名带有“慈溪”二字，本書收録的墓誌、地券却並無地域限制，若以葬地區分，則主要出於今浙江、江西等地，其中明州（慶元府、寧波府）鄞縣（鄞縣）15件、奉化縣6件、慈溪縣7件，越州（紹興府）餘姚縣20件、會稽縣4件、山陰縣1件、上虞縣2件，台州寧海縣1件，處州麗水縣1件、遂昌縣1件，臨江軍新淦縣12件，撫州臨川縣4件，建昌軍南豐縣1件，信州鉛山縣4件、玉山縣1件，饒州德興縣1件，蘇州（中吴軍）吴縣2件、長洲縣2件，建州建陽縣1件，邵武軍邵武縣1件，葬地不詳8件。

以上總計95件墓誌、地券，九成以上屬首次公布。先前已發表的有《王咭妻羅氏墓誌銘》《盛榮墓誌銘》《萬師貞墓誌銘》《祝巽墓誌銘》《俞暹妻胡氏墓誌銘》《戴得一墓誌銘》6件，見於《寧波歷代碑碣墓誌彙編》[1]；《虞脩墓誌銘》《張車妻丁氏墓誌銘》收入《五代十國墓誌彙編》[2]；《錢義光墓誌銘》由錢汝平首先發表考釋論文[3]，又收入《五代十國墓誌彙編》。本書再次收録上述9件墓誌，補充了完整清晰的拓片，録文也稍有訂補。另外，劉成國曾在論文中提及《汪順及妻莊氏墓記》[4]。

至於這些墓誌和地券的價值，讀者自具慧眼，我們不打算在此作以偏概全的評估，僅就3件宋元墓誌稍作討論。

---

[1] 章國慶編著：《寧波歷代碑碣墓誌彙編》，上海古籍出版社，2012年。

[2] 仇鹿鳴、夏婧輯校：《五代十國墓誌彙編》，上海古籍出版社，2022年。

[3] 錢汝平：《新見吴越國宗室錢義光墓誌考釋》，《台州學院學報》2018年第4期，第84—88頁；《吴越國宗室錢義光墓誌考釋》，《杭州學刊》2018年第4期，第206—211頁。

[4] 劉成國：《新出墓誌與宋代文學研究的拓展——以王安石爲核心的考察》，《北京大學學報（哲學社會科學版）》2021年第1期，第86頁。

宋紹興十一年（1141）《葉上達妻汪氏墓誌銘》背面有完整無損的詩刻，署宋元符元年（1098），早於墓誌四十餘年，顯然是刊刻墓誌時利用了舊有的詩刻碑石。利用舊碑刻製的墓誌，存世數量並不多，一般是將原有的内容磨去，再刻上新的誌文，原有内容得以完整保留下來的較爲罕見，就我們所知，在宋代墓誌中還有3例。其一是浙江温州市博物館所藏宋隆興元年（1163）《趙子游墓誌》，其背面圖像居中是觀音菩薩，右下一人作捧盤獻珠狀，據左側元符二年知温州永嘉縣事郭茂倩題記，觀音碑原立於永嘉縣治華蓋山麓[1]。其二是宋乾道五年（1169）《趙不謏妻彭氏墓誌》，其背面刻《游蜀圖》，主體是一幅蜀道山水圖，右上題有李白《蜀道難》前十句。其三是一石兩面刻有兩篇相隔八十餘年的墓誌，一篇是宋寶慶二年（1226）《韓墀壙記》[2]，另一篇是宋紹興十三年（1143）《張彦攸所生母劉氏權厝誌》[3]，其右上角刻有“改用”字樣，當是刻《韓墀壙記》時所加，韓墀家人未將劉氏誌文磨去，是很不尋常的做法。

據宋紹興二十三年（1153）《余安行墓誌》，余安行（1057-1152），字仲勉，饒州德興人，號石月先生，官至承議郎致仕，贈右朝議大夫。傳世文獻有關余安行的記載並不多見，内容也與墓誌頗有差異。如《建炎以來繫年要録》載余安行卒之日：“是日，虔州軍亂……守臣左朝議大夫余應求之父安行，年八十餘矣，避亂墜塹死。應求遂以丁憂爲辭而去……安行少篤學，年二十餘，舉進士甲科，遂掛冠去。”[4]余安行卒年九十六歲，“年八十餘”顯誤。據余安行《卓潭山無盡亭記》所述：“安行大觀三年春，蒙恩釋褐，擬東萊掾。”[5]其時余安行已五十三歲，“年二十餘”當爲“年五十餘”。“遂掛冠去”四字，文意不明，實際上余安行仕宦十七年，致仕時已七十一歲，當是正常引年。余安行字仲勉，《直齋書録解題》《宋詩紀事》均誤作“勉仲”。余安行以承議郎致仕，贈右朝議大夫，《宋元學案補遺》作“官

[1] 陳瑞贊：《郭茂倩題銜與趙子游墓誌——一件出土碑刻上的宋代人物信息》，《文獻》2020年第1期，第137—143頁。李震主編：《温州金石集萃》，中國民族攝影藝術出版社，2014年，第164—165、329—330頁。

[2] 参紹興市檔案局（館）、會稽金石博物館編：《宋代墓誌》，西泠印社出版社，2018年，第90—91頁。

[3] 《趙不謏妻彭氏墓誌》《張彦攸所生母劉氏權厝誌》是“浙江宋代墓誌碑刻集成”課題的調查成果，待刊。

[4] 李心傳撰：《建炎以來繫年要録》卷一六三紹興二十二年七月丁巳條，胡坤點校本，中華書局，2013年，第3103頁。

[5] 曾棗莊、劉琳主編：《全宋文》卷2778，上海辭書出版社、安徽教育出版社，2006年，第128册第311頁。

至大中大夫”，《直齋書録解題》作“朝議大夫致仕”，均與墓誌不同[1]。《余安行墓誌》由其子余應求撰寫，雖然誌文有隱諱筆法，用“傾逝”“前知贛州”等語將虔州之亂略去，但其中余安行表字、生卒葬時間和任官信息當相對準确可信。

辛更儒曾根據新發現的《菱湖辛氏宗譜》《辛鞬壙誌》對辛弃疾家室子女作補充考證[2]，隨後滕振坤又調查到《辜墩辛氏宗譜》，對辛弃疾後裔情况作了探討[3]。《菱湖辛氏宗譜》和《辜墩辛氏宗譜》均載有辛弃疾後裔編撰的《鉛山期思辛氏宗譜》，從滕振坤所引録的内容看，辛弃疾三子辛稏以下辛鞬、辛衎一支的信息不完整，且多有傳抄錯訛。本書元至順元年（1330）《辛衎繼妻陳淑儀壙記》載，辛弃疾曾孫辛衎入元前官奉議郎、行軍器監簿，有四子九孫，一子任嘉興路海鹽州儒學教授，一子任浙江等處蒙古提舉學校官吏目，這些信息均不見於上述宗譜。

本書收録的墓誌和地券，大部分爲慈溪市文物管理委員會辦公室（慈溪市博物館）在近十多年中接受捐贈或徵集所得，實物均由慈溪市博物館收藏。其餘私人所藏或收藏信息不詳者，我们或訪碑棰拓，或通过贈與、交换等方式獲得拓片，因機構分合和名稱的變動，拓片現分藏慈溪市文物保護中心和慈溪市博物館。唯一例外的是明嘉靖七年（1528）《徐天澤墓誌銘》，係借用了胡迪軍先生的拓片。

在十多年斷斷續續的尋訪和徵集過程中，浙江紹興市會稽金石博物館、上海嘉定區明止堂中國字磚館等收藏機構和許多朋友都給予了熱心帮助，在此一併表示最衷心的感谢，衆多熱心朋友的姓名恕不一一具列。

由于我們學識淺陋，書中必有錯訛，敬請方家批評指正。

---

[1] 陳振孫撰：《直齋書録解題》卷一八，上海古籍出版社，1987年，第534頁。厲鶚輯撰：《宋詩紀事》卷三八，上海古籍出版社，2013年，第965頁。王梓材、馮雲濠編撰：《宋元學案補遺》卷二，中華書局，2012年，第164頁。

[2] 辛更儒：《辛弃疾家室再考》，《文學遺産》2007年第6期，第78—85頁。

[3] 滕振坤：《菱湖和辜墩辛氏宗譜對辛弃疾家世後裔填補訂正的探討》，《上饒師範學院學報》2012年第1期，第9—13頁。

凡 例

一、本書共收録東晋至明代墓誌82件、地券13件，合計95件。其中東晋1件、唐代28件、五代6件、北宋10件、南宋33件、元代3件、明代14件。

二、編排一般以年代先後爲序，取喪主亡故、入葬或銘文撰寫年月的最晚者。

三、墓誌均重新擬題，以誌主姓名加後綴“墓誌銘”“墓誌”“墓記”“壙誌”“壙記”等原有題名中的稱呼，原無題的，一律稱爲“墓誌”。女性誌主一般在姓名前加上其夫或子姓名，以便查閲。

四、義項相同的異體字，除涉及人名地名外，均改爲通行字。遇“間”“閑”不分、“己”“已”“巳”不分、“戌”“戍”不分，以及偏旁“扌”“木”不分、“艹”“⺮”不分，根據文義改定。“来”“盖”“属”“嘱”“粮”“屡”“万”等常見俗體字以及假借字、錯訛脱衍文字均一仍其舊，只在錯字後或脱漏處的“〔〕”内加注正字，如有必要，在脚注中予以説明。

五、碑文每行末尾標以“」”符，有残缺泐損的，每字用“□”符標識，字數不明的用“▨”符標識，根據殘存筆畫推補的加外框，據傳世文集或宗譜等補入的加底紋。

六、録文按照現代漢語規範標點，原有示敬的平闕格式不再保留。

目録

前言 1

凡例 1

〇〇一　魏誘墓誌　晋隆安三年（399） 002

〇〇二　支國師墓誌　唐貞元十六年（800）二月二十八日 004

〇〇三　孫催柒地券　唐貞元二十年（804）七月十五日 006

〇〇四　王咭妻羅氏墓誌銘　唐元和五年（810）十一月十二日 008

〇〇五　支峰及妻王氏弟支進墓誌銘　唐元和九年（814）十一月十七日 010

〇〇六　劉氏墓誌銘　唐元和十年（815）九月四日 012

〇〇七　沈生墓誌銘　唐元和十年（815）十一月二十九日 014

〇〇八　陳居士妻李氏墓誌銘　唐長慶三年（823）七月十四日 016

〇〇九　陳萬璵母□氏墓誌銘　唐寶曆二年（826）八月二十五日 018

〇一〇　盛榮墓誌銘　唐開成元年（836）十二月七日 020

〇一一　洪曇墓誌銘　唐開成三年（838）九月二十七日 022

〇一二　張朝母魏氏墓誌銘　唐開成四年（839）八月十一日 024

〇一三　李貴和及妻全氏合葬墓誌銘　唐開成四年（839）八月二十三日 026

〇一四　胡揆妻黄氏墓誌銘　唐開成五年（840）十一月十二日 028

〇一五　章福墓誌銘　唐開成五年（840）十一月二十四日 030

〇一六　童陵三郎妻厲氏墓誌銘　唐會昌元年（841）十月二十四日 032

〇一七　萬師貞墓誌銘　唐會昌元年（841）十一月十三日 034

〇一八　祝巽墓誌銘　唐大中元年（847）十一月十日 036

〇一九　惠氏地券　唐大中四年（850）二月二十三日 ………… 038
〇二〇　葉成及妻於氏合葬墓誌　唐大中四年（850）七月二十一日 ………… 040
〇二一　俞暹墓誌銘　唐大中十三年（859）十月二日 ………… 042
〇二二　俞暹地券　唐大中十三年（859）十月二日 ………… 046
〇二三　俞暹妻胡氏墓誌銘　唐咸通十五年（874）九月二十一日 ………… 048
〇二四　施元遂墓誌銘　唐咸通九年（868）九月二十四日 ………… 050
〇二五　施元遂妻胡氏墓誌銘　唐咸通六年（865）八月十八日 ………… 052
〇二六　葛庭墓誌銘　唐咸通十一年（870）十二月五日 ………… 054
〇二七　程旻妻羅氏墓誌銘　唐咸通十二年（871）十二月二十日 ………… 058
〇二八　趙文和墓誌銘　唐中和二年（882）八月十四日 ………… 060
〇二九　楊府君墓誌蓋　唐（618 ~ 907） ………… 062
〇三〇　虞脩墓誌銘　五代吴越寶正五年（930）十二月十三日 ………… 064
〇三一　王詢墓誌銘　五代後晋天福七年（942）九月二十八日 ………… 066
〇三二　習府君地券　五代南唐保大九年（951）正月二十日 ………… 068
〇三三　張車妻丁氏墓誌銘　五代後周廣順二年（952）五月 ………… 070
〇三四　丘府君地券　五代南唐保大十二年（954）十月八日 ………… 072
〇三五　錢義光墓誌銘　五代後周顯德二年（955） ………… 074
〇三六　曾延福墓誌銘　宋建隆三年（962）十二月十二日 ………… 078
〇三七　楊符墓誌銘　宋乾德六年（968）十月十一日 ………… 080
〇三八　楊符地券　宋乾德六年（968）十月十一日 ………… 082
〇三九　范延禄母王氏墓誌銘　宋景德四年（1007）十月二十七日 ………… 084
〇四〇　樓仙芝墓誌銘　宋嘉祐二年（1057）三月六日 ………… 086
〇四一　汪順及妻莊氏墓記　宋嘉祐五年（1060）八月二十八日 ………… 088
〇四二　范期墓誌銘　宋熙寧五年（1072）十二月二十三日 ………… 090
〇四三　錢育墓誌銘　宋元祐四年（1089）十一月七日 ………… 092
〇四四　吴巨母李氏墓誌銘　宋大觀二年（1108）三月十一日 ………… 094
〇四五　余邦傑墓誌銘　宋宣和七年（1125）十二月十九日 ………… 096

〇四六　薛萬妻甲氏墓誌銘　宋建炎二年（1128）四月六日 …… 098
〇四七　鄒鎮墓誌銘　宋建炎三年（1129）十月二十二日 …… 100
〇四八　陳石墓誌銘　宋紹興二年（1132）十一月二十七日 …… 102
〇四九　陳石妻吕氏墓誌銘　宋紹興二年（1132）十一月二十七日 …… 104
〇五〇　葉上達妻汪氏墓誌銘　宋紹興十一年（1141）八月十九日 …… 108
〇五一　華細三娘地券　宋紹興十一年（1141）十二月八日 …… 110
〇五二　余安行墓誌　宋紹興二十三年（1153）十二月三十日 …… 114
〇五三　吕道中母楊靈光墓誌　宋紹興二十七年（1157）七月二十二日 …… 116
〇五四　王友墓誌銘　宋紹興三十一年（1161）二月十七日 …… 118
〇五五　朱世則女朱艮女墓誌銘　宋紹興三十一年（1161）十一月十七日 …… 122
〇五六　馮慶妻王氏墓誌銘　宋淳熙三年（1176）四月十日 …… 124
〇五七　馮慶妻王氏地券　宋淳熙三年（1176）四月十日 …… 126
〇五八　高克明妻徐氏墓誌　宋淳熙四年（1177） …… 128
〇五九　趙不慴妻沈惠真墓銘　宋淳熙五年（1178）九月十三日 …… 130
〇六〇　鄧人傑墓誌銘　宋淳熙十一年（1184）三月十三日 …… 132
〇六一　鄒舜臣墓誌銘　宋紹熙三年（1192）八月十六日 …… 136
〇六二　徐國寶妻程氏墓誌銘　宋開禧元年（1205）正月三日 …… 138
〇六三　徐國寶妻程氏地券　宋開禧元年（1205）正月三日 …… 140
〇六四　汪稽中生母墓誌　宋開禧元年（1205）三月二十五日 …… 142
〇六五　郁炳文妻姚氏壙記　宋嘉定六年（1213）二月十三日 …… 144
〇六六　葉冠妻林氏墓誌　宋嘉定十一年（1218）十二月二十二日 …… 146
〇六七　李小乙地券　宋嘉定十七年（1224）十月二十一日 …… 148
〇六八　魏三俊墓誌　宋紹定三年（1230）八月二十五日 …… 150
〇六九　尤澤妻吕氏墓誌　宋紹定六年（1233）九月五日 …… 152
〇七〇　王資母戴氏墓誌　宋嘉熙二年（1238）正月七日 …… 154
〇七一　袁善度墓誌　宋嘉熙四年（1240）閏十二月十三日 …… 156
〇七二　黄凝孫母饒氏地券　宋淳祐六年（1246）四月一日 …… 158

〇七三　戴得一墓誌銘　宋淳祐九年（1249）十二月二十三日 ………… 160
〇七四　胡學采母趙時清壙誌　宋寶祐五年（1257）四月五日 ………… 162
〇七五　江有琪母鄧氏墓誌　宋咸淳二年（1266）九月七日 ………… 164
〇七六　佚名殘誌　宋咸淳八年（1272）三月二十四日 ………… 166
〇七七　胡雲孫父地券　宋德祐元年（1275）十一月三十日 ………… 168
〇七八　劉瑨母吴道足壙誌　宋德祐二年（1276）三月二日 ………… 170
〇七九　鄧世榮妻劉氏壙記　元大德五年（1301）正月三日 ………… 172
〇八〇　辛衍繼妻陳淑儀壙記　元至順元年（1330）十一月二十日 ………… 174
〇八一　饒順四地券　元後至元三年（1337）十二月十八日 ………… 176
〇八二　曾大烈妻李玉真壙記　明景泰元年（1450）五月二十九日 ………… 178
〇八三　張賢良妻毛淑順墓誌銘　明景泰二年（1451）十二月八日 ………… 180
〇八四　邵宏譽墓誌　明成化十三年（1477）十二月三日 ………… 182
〇八五　陳浩墓誌銘　明弘治元年（1488）十一月二十五日 ………… 184
〇八六　毛驥壙誌　明弘治九年（1496）正月六日 ………… 186
〇八七　朱諒墓誌銘　明弘治九年（1496）正月二十五日 ………… 188
〇八八　陳廣墓誌銘　明弘治十七年（1504）十一月十六日 ………… 192
〇八九　魏英妻鍾氏墓誌銘　明正德八年（1513）十二月一日 ………… 194
〇九〇　徐天澤墓誌銘　明嘉靖七年（1528）閏十月二日 ………… 198
〇九一　朱篪妻沈氏墓誌銘　明嘉靖二十六年（1547）十一月七日 ………… 202
〇九二　陳炅母江三娘墓誌銘　明嘉靖三十八年（1559）十一月三十日 ………… 206
〇九三　邵惪容墓誌銘　明隆慶二年（1568）十二月二十三日 ………… 209
〇九四　林希墓誌　明隆慶六年（1572）閏二月二十九日 ………… 211
〇九五　鍾祥繼室墓誌銘　明萬曆十九年（1591）五月二十一日 ………… 213

○○一 **魏誘墓誌** 晋隆安三年（399）

［誌文］

隆安三年己亥歲，任」城郡任城縣都鄉仁」化里魏誘季同墓。」

［按語］

2013年5月浙江慈溪市博物館徵集。誌磚長31、寬16.5、厚5厘米。

誌文正書，共3行，計23字。

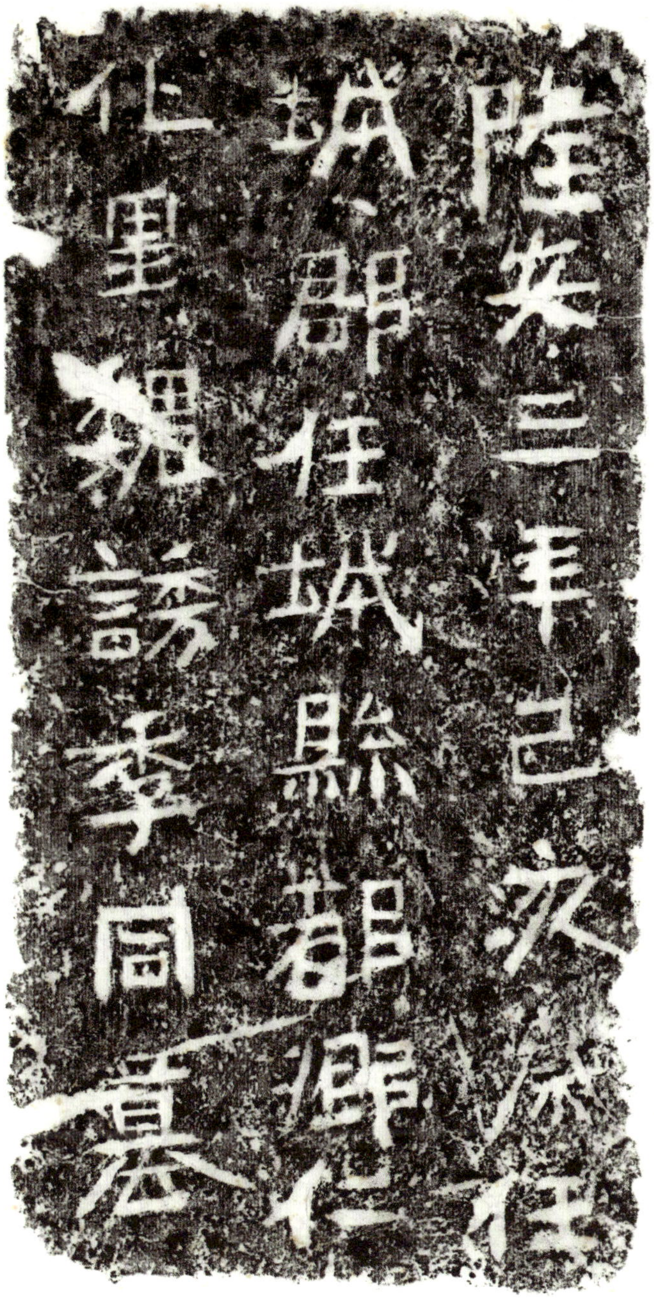

〇〇二　支國師墓誌　唐貞元十七年（801）二月二十八日

［誌文］

惟唐貞元十七年二月己〔癸〕巳朔廿八日庚」申，亡人岐州奉〔鳳〕翔郡支國師，娶」程氏。暮〔墓〕在明州鄮縣長山鄉練元村延江」里，東至山脊，西至田，南至山，北坑。」長男林，二子同，三子柏。」女二人。長男支林[1]芋〔等〕記。」

［按語］

2020年9月慈溪市博物館徵集。誌磚梯形，斷爲兩截，高41、上邊寬24、下邊寬20、厚5厘米。

誌文正書，共6行。

［1］林，補於“支”字右旁。

○○三　孫催柒地券　唐貞元二十年（804）七月十五日

[券文]

維大唐貞元廿年歲次甲申七月癸酉」朔十五丁亥日，杭州富陽縣宗停鄉陰」山里亡人太元〔原〕郡孫催柒，六月初七日忽因」重患，隨佛採花，欣留不返。今□安武」王賣〔買〕得越州餘姚縣鳳亭鄉買永村地田」爲塚，挪當錢万万九千九伯貫，内員外」方，迴〔週〕迴五畝。東至青龍，西至白虎，□」至朱□，北極玄武。地主張堅故，保人李」定度，見人東王公，證人西王母。□□□」人葉練，迁得甲寅丙壬麒麟□□□」願。塚下豪强，不得執□，給牒□□公」驗。急急如律令。」

[按語]

私人藏券。磚斷裂爲三塊，高33、寬32.5、厚4厘米。

券文正書，共12行，有界欄。

○○四　王咕妻羅氏墓誌銘　唐元和五年（810）十一月十二日

[誌文]

唐王君故夫人南陽郡羅氏墓誌銘并序」

夫人南陽郡人也，曾祖之望族處於南陽。遂尔後漢，分派」江南，止於明州餘姚郡鄮縣靈〔巖〕鄉而居。祖乃仕銘，此之不書。」嗚呼！羅氏禮華婉慧[1]，克習容義。燈稽[2]之歲，適於咕君，宜」其室家，善輔佐兄弟。纏綿寢疾，湯藥無徵，時元和五年」五月廿五日終于私第，春秋卌有二。子長曰源，次曰象、」重宜。嗚呼！享年不永，中外傷心。已其年庚寅歲十一月」十二日葬于鄮縣之東靈嚴〔巖〕鄉金全里嘉溪村東山」之北源，礼也。是日，女男泣血，觸地無容，糜潰丘情，攀」慕無及。終身之禮，不敢有違，以時命筮巽擇吉，葬」于東山之伏側也。」伏恐海變潮移，人俞歲古，用勒貞石，」存其不朽，頌以爲序。其詞曰：」

峨峨夫人，禮華婉慧。嗚呼兮女男泣血！」平生兮性貞結，身没兮魂靈絶。」天之有沕，中外兮名烈。白日滄滄，喪兮名滅。五百年」後，存其誌碣。

高陽許季方鐫并撰。」

[按語]

2016年3月慈溪市博物館徵集。誌石高30、寬41、厚6厘米。

誌文正書，共17行，有界欄。

[著録]

章國慶編著：《寧波歷代碑碣墓誌彙編》第5—6頁。

---

[1] 慧，原爲“ネ”旁加“慧”之異體“恵”，《寧波歷代碑碣墓誌彙編》釋作“慧”，從之。

[2] 燈稽，疑“登笄”之意。

唐王君故夫人南陽郡羅氏墓誌銘并序

夫人南陽郡人也曾祖之望族處於南陽遂尔後葉流
江南止於明州餘姚郡鄮縣靈巖鄉而居焉乃任銘此之不書
嗚呼羅氏禮樂婉穆克習容義燈箱之歲適於咭君室
其室家無輔佐兄弟纏綿寢疾湯藥無徵時元和五年
五月廿五日終于私第春秋卅有二子 長曰淥 次曰象
璽宜嗚呼享年不永中外傷心已其年庚寅歲十一月
十二日葬于鄮縣之東 靈巖鄉金重嶴渼村東山
之北源禮也是日女男孟躃地無容靡潰血精摧
慕無及終身之禮不敢有違時命爰巽擇吉兆卜
于東山之伏側也

伏恐海變湖移人命歲古用勒泉者
存乎不朽頌以爲序其詞曰

哉哉夫人 禮樂婉穆 嗚呼哀兮 女男泣血
平生兮性貞潔 身沒兮魂靈絶
天之有命兮烈白日沈沈喪兮名殘 五百年
後存其誌碣 吳陽許季方撰

○○五 支峰及妻王氏弟支進墓誌銘 唐元和九年（814）十一月十七日

[誌文]

唐故支府君及弟夫人瑯耶王氏墓誌」

公諱峯，字岳，其先馮翊郡。昔三雄競起，五馬浮」江，東晋區分，勾吴益霸。遠祖滿，播于丹陽。曾祖」旻，祖智，因官而遷，遂居甬東。皇父蘭，娶虞氏，生」四子，公則皇之次子。性藴温恭，心包勇義，時年卌有」八，以元和元年仲夏月廿四日，終于鄞川私第。

夫人王氏，」氏祖緒，父芝，當代名家，門傳望族。夫人則嫡女，年」在笄冠而適支氏，親事舅姑。孰知風燭難留，光」陰易改，春秋[1]二旬有九，其年夏六月廿日終。呼嗚〔嗚呼〕！積」善無徵，琴瑟偕逝。

公季弟進，仁孝於家，武勇爲業[2]，」春秋四旬，洎元和七年十一月廿九日終。宅兆未利，權殯」雁門。

今之九年甲午歲十一月十七日，四喪同窆於」大墓。墓田地至標出，大門誌訖。雖禮俞諒闇，而」哀毁過形。爰題貞石，式贊幽魂。銘曰：」

赳赳丈夫，氣羽〔宇〕清峻。絶世超蹤，孤峯獨韻。其夫也。」

夙事舅姑，親陳獻饋。孝以夫尊，榮因子貴。其妻也。」

想像遺魂，餘芳婉娩。節操何深，年壽何淺。其弟也。」

儻陵谷之或遷，庶名實兮深遠。」

[按語]

浙江紹興市會稽金石博物館藏誌。石高 37.7、寬 45.8、厚 6 厘米。

誌文正書，共 18 行，有界欄。

---

[1] 秋，小字補於“春”字右下。

[2] 業，小字補於“爲”字下。

○○六 劉氏墓誌銘 唐元和十年（815）九月四日

［誌文］

〼」〼先則□□人也□將軍之遠裔，高□而」不仕，德行鄉閭□懷□□年七十有八，寢疾□□□」藥不達，倐短有期，元和十年乙未歲三月廿四日子」時，卒奉化里之第也。嗚呼傷悼，玄理格言。妻劉氏」夫人，望自彭城，夫人父諱成，有文武，亦甬東名」□□□錢氏爲妻，夫人即錢生焉。夫人七十有四」□□□八日子時終，冀染抱疾而無瘳，是時也，聞之」何不〼二人俱歿，生同房室，逝同壙之合□」□□之〼女有□□長女七娘，小女□□」歲年未登而□己之哀深，卜取其年九月四日□□」〼襄□□□□刊石記時不□銘曰：」

〼時凶〼」〼山重〼」

［按語］

2016 年 3 月慈溪市博物館徵集。誌磚高、寬均 37、厚 6 厘米。

誌文正書，共 14 行。

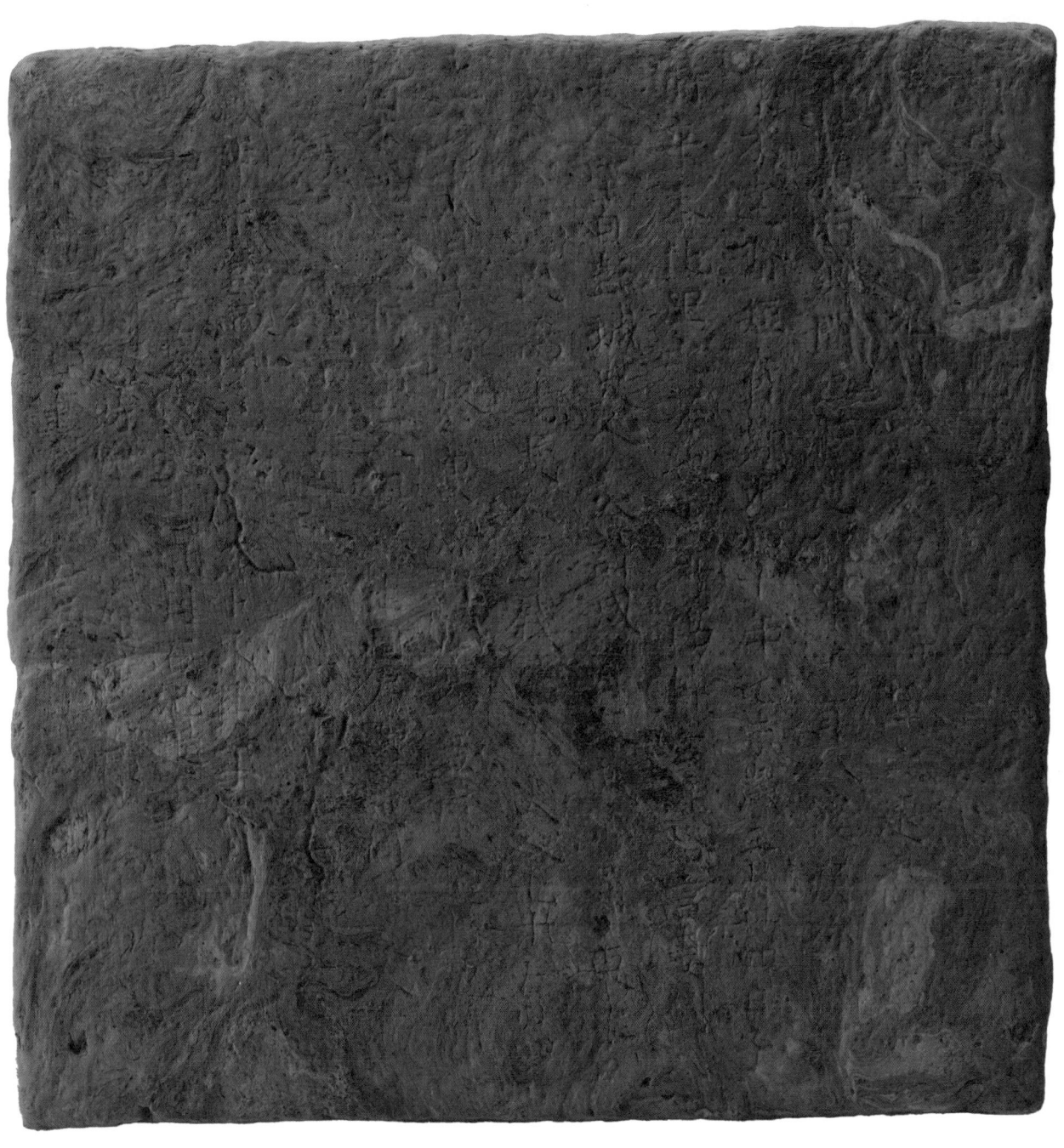

〇〇七　沈生墓誌銘　唐元和十年（815）十一月二十九日

［誌文］

巨唐故吴興郡沈氏府君墓誌銘并序」

府君祖門諱芝，皇考諱角，原祖吴興人也。累」代清白，家傳儒素，枝葉分派，乃植業於慈」溪，月館風亭，烈小同之上矣。府君諱生，字錢，」博達經籍，旁崇信門，内賤浮名，外貴雲水，有」陳平之歡，無馮煖之恨，植陶君之柳，約霞岫」之居。娶濟陽丁氏。生長子顔清，次璠欽，次顔璵，」次中球。皆幼專儒魯[1]，趍庭聞詩，信義居朋，出」告反面，晨昏定省，翼翼虔虔。嗚呼！天道何昧，」患起府君，疾入膏肓，藥餌無療，以元和乙」未歲秋四十一日奄歿私第，春秋七十有四。嚴親」永喪，泣血何追；男女偷存，以終祭葬。亦於是」年仲冬月下旬九日買餘姚郡慈溪縣鄞城」鄉香山里胡寶陸地，去縣城東北十七里，山南之地，」永爲墓所。長孫孚錀得以私送，侍親添哀，傍」孤墳而栽緑竹，極四至而種青松，人有登兹，皆」堪墓所。恐山傾海涸，迺刊石作銘。詞曰：」

愛流苦海何昏昏，浮生電影歸松門。」鐫銘刊石紀孤壟，千秋萬古長保存。」

［按語］

私人藏誌。粗瓷質，長方形，表面無釉，高28.5、寬36.1、厚2.5厘米。

誌文正書，共19行，319字，有界欄。

［1］儒魯，疑當作“魯儒”或“儒素”。

○○八　陳居士妻李氏墓誌銘　唐長慶三年（823）七月十四日

［誌文］

唐陳居士夫人李氏墓誌銘并序」

安定胡行全撰」

夫人隴西人也。王父晤，高道不仕。夫人即」□之四女也。閨□□素，性禀温和，作婦唯」貞，事姑唯孝，容止罔□，威儀可宗，穆穆鄉」閭，怡怡姒娣。本期偕老，豈意先摧，以貞元」十七年四月廿一日終于私第，夫人享年」卌有二，無嗣。頃曾擇兆□于餘墟，歲變時」□，忽逾一紀，以長慶三年七月十四日，蓍」□得便，徙櫬歸葬于先塋之側、慈溪縣西」七十里九安村之原，禮也。悲兮送終，千載」□矣，勒銘於石，傳其後世。銘曰：」

夜臺無曉兮綿綿，□□樹兮重泉[1]。」千年兮魂歸蒿里，万歲兮松栢凛然。」

［按語］

私人藏誌。誌磚高 31.5、寬 32、厚 6 厘米。

誌文正書，共 14 行，滿行 16 字，有界格。

［1］此句疑脱一字。

〇〇九　陳萬璵母□氏墓誌銘　唐寶曆二年（826）八月二十五日

［誌文］

〼銘并序」

□□□潁人也。年十有七歸於陳氏，礼義□□，□□」□□，采采芣苡，萋萋葛覃。及乎作配君子，言□」舅姑，下氣怡聲，承巾奉箒，親戚惟礼，閨門」以睦，多從夫袂，貴在光臨，足稱榮寵。生三□：」長萬璵，次萬鍾，三萬寶，以嗣後也。霜露不□，」風烟飄忽，搆疾累旬，奄捐館舍，以寶曆二年七」月卅日終於奉化縣鎮亭里，春秋卌有五，以其年八」月廿五日葬麻紵之南原。神光離合，尚在江河。」雲氣徘徊，猶歸樓下。欲誌佳城，乃爲銘曰：」

妻者齊也，謂嫁曰歸。三星夜照，百兩朝飛。」褕狄有典，容礼無違。嚴庭苦袂，素腿同衣。」□年落□，電隟先過。徒餐日氣，空飲天河。」日□玉牛，月殞金波。虞淵落日，薤露哀哥〔歌〕。」□□□□□□□□□□□□□重泉□□」□□□□□□□□□□□□□□□□□」

［按語］

上海嘉定區明止堂中國字磚館藏誌。誌磚質，右側有殘損，拓片高32.5、寬32厘米。

誌文正書，共16行，有界欄。

誌文多用庾信《周安昌公夫人鄭氏墓誌銘》辭句[1]。

［1］參見《庾子山集注》卷十六，許逸民校點本，中華書局，1980年，第1043頁。

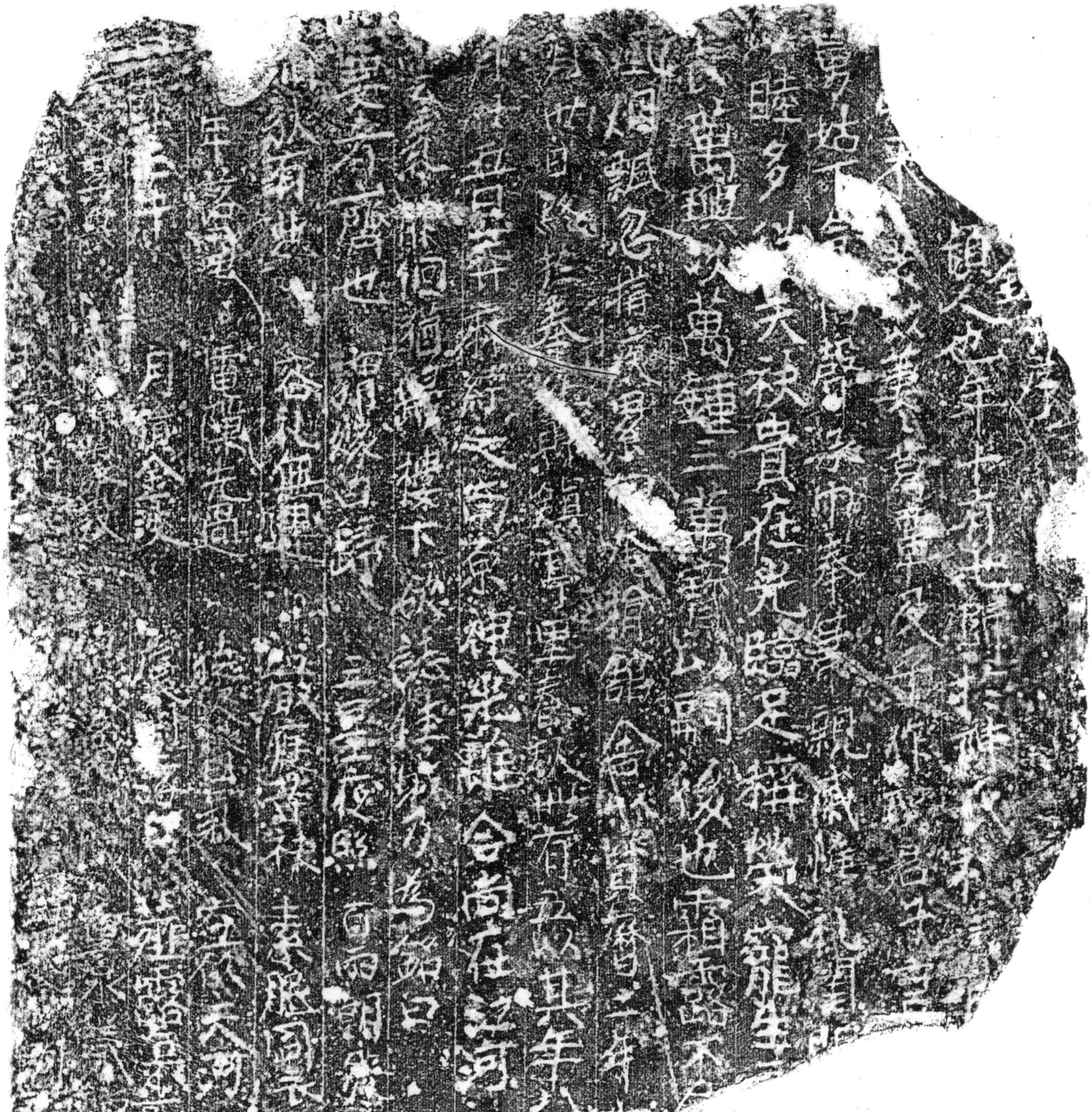

〇一〇　盛榮墓誌銘　唐開成元年（836）十二月七日

[誌文]

唐開□□□歲次丙辰譙郡盛府君墓誌并序」

冀冀之□□□時通□□□□備聞黨者，則□□」□□□□。府君諱榮，亳州人也。曾祖卿，祖壹，父珠，俱静□」□懷，不食世禄。公則长子也，立性忠貞，行同弦矢，」□□浮財，修仁蘊德。□哉！遐其名，不遂其壽，以當」□□□□□□以求醫藥而不損。朱明之末，終于私館，」□□五十八。娶錢氏夫人。育子三人：孟子倫，仲子超，」季子素，喘息哽咽，悲涕毁容。長孫以□□文，則年當」冠字；次孫六人，年向齠齔。以其年十二月七日窆於」句章鄮邑東卅餘里，鄉名長樂，里名大含，含山右丘，」墳首庚向。恐時代遷渝，子孫難究，勒書于磚，其」詞云尔：」

明明之士，赳赳丈夫。生齡未果，死地難虞。」一曲喪辭，終期絶跡。号記丘墳，刊于貞甓。」

[按語]

2016年3月慈溪市博物館徵集。誌磚高35、寬34、厚7.5厘米。

誌文正書，共14行，有界欄。

[著録]

章國慶編著：《寧波歷代碑碣墓誌彙編》第22頁。

○一一　洪曇墓誌銘　唐開成三年（838）九月二十七日

[誌文]

唐故宣城洪府君墓誌銘并序」

府君諱曇，字光景也，享年六十有八。高上不仕，」丘園養性，仁德衆欽，閭里□風，鄉鄙」仰則，冰容素質□□□□□□□□□□□」清氣，擬終於考壽□□与鶴齊□，何期於仲」夏之月，天降其禍，肢體沉淪，百藥不瘳，千醫」不療，遂於是月廿九日運□而殂。娶渤海吴氏。」育二男：長曰招，次曰慶。二□皆攀號叩地，泣血」盈流。礼□奉遷，卜得吉兆。今於是年季秋」月末旬廿七壬午之日，窆於越州餘姚縣通德鄉，里」号德惠，四明山之陲，剡湖嶼之右，其墳甲向。坤未山」趨，連延峙就，左右迴伏，累砌伏龍。恐陵谷變移，立」於銘石，刊勒記之。銘曰：」

歎之冥途，逼我閻浮。電影之世，人鬼道殊。」飛魂上天，[1]形銷歸土，永伏九泉。千古万代，」誰傳我言。」

[按語]

私人藏誌。誌磚方形，邊長35、厚5厘米。誌文共16行。

誌主卒葬年份未詳，查唐代九月二十七日干支爲壬午者有垂拱四年（688）、開元七年（719）、建中二年（781）、元和七年（812）、開成三年（838），今取其最晚者。

[1] 從文義和韻脚看，此處疑脱一句四字。

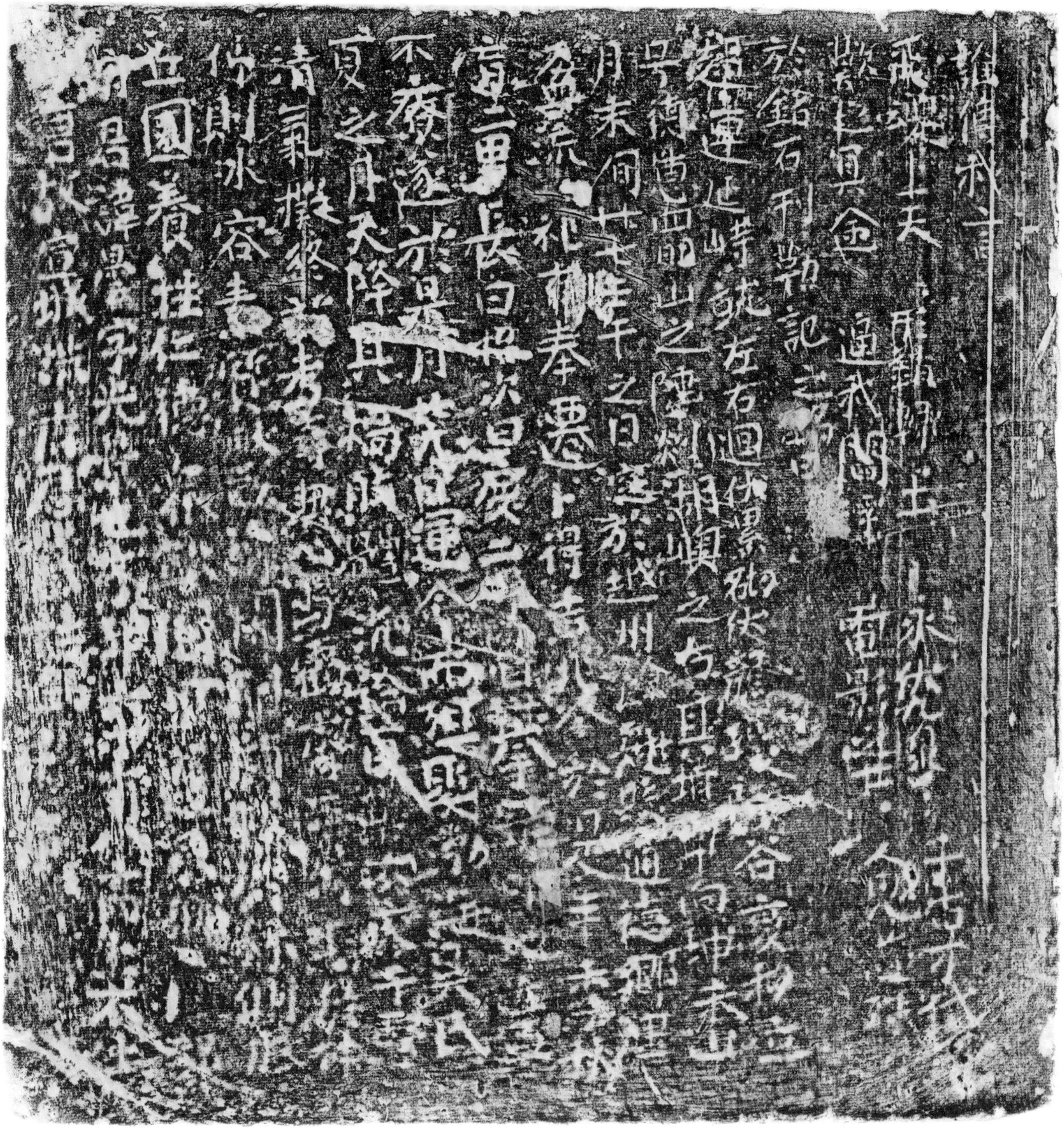

○一二　張朝母魏氏墓誌銘　唐開成四年（839）八月十一日

［誌文］

唐故張府君夫人鉅鹿魏氏墓誌銘并序」

穎川陳至述并刻字」

夫人魏氏，其先鉅鹿郡人也。洎曾、高已往，」或公或王，冠冕相継，繁而不書。祖表，父昇，」皆高尚好静，不仕于世。夫人即昇之女[也]，幼」有淑德，早聞於家。既笄年，歸于清河君之」室。府君即先夫人數年而卒，夫人守志而」居，備三從之義，内和親族，外合鄉閭，閨閫之」儀，其爲女姆，實謂家肥所託矣。

育令子一人，曰」朝，幼穆慈訓，爲一子之養，不肯從政，優游静慮。」得老圃之方，手種杉栢，僅逾一万，時人相与仰」慕其功，謂之後来齊人也，非夫人之善導者乎？」娶俞氏。生子二人：長曰子儒，次曰子湍，並温温」然，各有所就。又女三人，或未笄，或在幼，亦各」有賢行所聞。

夫人享齡六十九，以開成四年四」月廿六日疾終于廣平鄉建成里之私第。其子」主喪泣血，過乎古人，營窀穸盡其礼矣。以當」年八月十一日卜葬于吴郎山北崗，祔大」墓中，壬向，礼也。恐時遷代變，山谷改移，刊」石以爲誌焉。銘曰：」

有美人兮，灼灼容華。三從已著，四德肥家。」粤唯一男，貞明無瑕。蘭芳易歇，浮生若花。」

［按語］

2018年5月慈溪市博物館徵集，原爲浙江奉化私人藏。石高41、寬52、厚7.5厘米。

誌文行書，共22行。

《寶慶四明志》卷十四《奉化縣志》卷一頁十四："吴郎山，縣東南一十里。"下列開成五年《胡掞妻黄氏墓誌銘》："窆于吴郎山左足白水嶼之原。"亦在奉化縣。

○一三 李貴和及妻全氏合葬墓誌銘 唐開成四年（839）八月二十三日

[誌文]

唐故趙郡李氏府君并京兆全氏夫人墓誌詺并序」

府君字貴和，世業閩越。頃以壯歲，斿歷[1]邊郡，」因之句章，覩鄞江，覽明岳，耽玆山水，駐足」安居。啓四開閤，懸榻邀友，遐迩公子，孰不欽」羡。乃慕結良媛，娶京兆全氏，外舅諱庭，夫」人即公之幼女，而歸李氏焉。同居枕席四十餘」年，育二男五女，俱登笄冠。以開成四年首夏之」月，縈染疫疾，伏枕不旬，夫歿妻殞。長子師」縱，次曰師立，號天荼毒，何告何追。府君享年」七十有九，夫人六十未奇。嗚呼彼蒼，降玆巨」禍。以其年八月廿三日，宅兆有吉，歲月是通，」於當鄉泉池里彈烏村山東朝暘之地」而合葬焉，墳塋甲首。寔慮人代遷俞[2]，陵谷」無認，乃刊石立銘。其辭曰：

厥德可仰，」厥行可視，交執有潤，宗族爲軌。罔負天神，」何辜地鬼，殂我哲人，萎我蘭卉。嗚呼嗚呼！」命也已夫。風迴少女，葉墜秋梧。封疑羸馬[3]，地乃彈烏。」

[按語]

2020年9月慈溪市博物館徵集。誌石高28、寬38、厚6厘米。

誌文正書，共17行。

[1] 斿歷，即“游歷”。

[2] 遷俞，即“遷渝”。

[3] 封疑羸馬，疑應作“封擬馬鬣”。

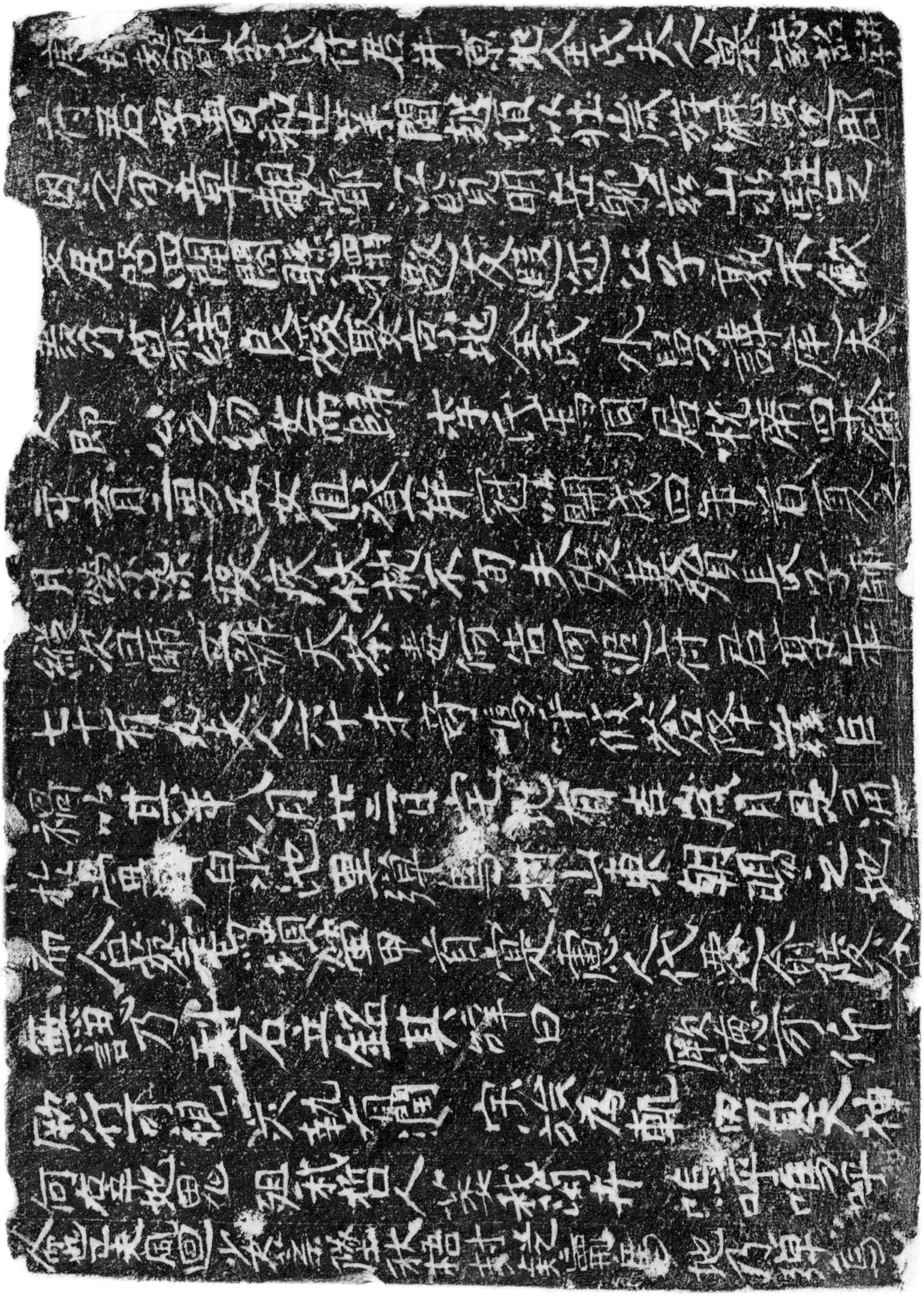

〇一四　胡揆妻黄氏墓誌銘　唐開成五年（840）十一月十二日

［誌文］

亡外姑故安定胡府君夫人黄氏墓誌銘」

前試胄曹参軍黄郁撰」

夫人即武昌江夏人也，本自軒轅氏之後，少典之苗裔，」因隨祖任，寓居東陽，枝葉分離，宗祊乖拆，冠冕相係，譜」牒詳焉。即東陽太守、晋鎮南將軍、臨賀郡開國伯之嗣」孫也。曾祖伸，遂州長史。祖暉□□□□駕。」父晃，唐汴州陳留縣尉。或罷秩雲林，或討▨」夫人即陳留府君之長女也。夫人擢以□□成□婉」順，聞詩聞禮，每恭謹於柔德。蔡氏有琰，班門有昭，教子」教孫，常懷積善。故能謙以自枚〔牧〕，勤而不匱，奠榛栗而事」舅姑，務堇荁而奉賓客，豈止閨房稱秀，邦族有聲而已」哉。府君諱揆，字禀度，雍州安定人也。或筮仕丘園，」或雲林適性，知必昌於後嗣，能濟美於古今。累德不朽，」保和而生，偉望承家，備徽容於命室，此從夫氏也。高堂」延福，佇資愛於晨羞；窺户終凶，遂僭期於夢蘗。以開成」五年六月廿日終於奉化新湖里之私第，享年九十。有」子三人，有女二人，各適于氏。長子曰仲武，睦州司法参」軍；次子早亡；三子曰有章，衡州耒陽主簿。清逾置水，威」動生風，首轄借歸，詞曹獨断，莫不承家有慶，禀训義方，」共戀慕於終天，將協從於遠日。府君舊塋在於近地，未」獲遷袝，以今年十一月十二日窆于吴郎山左足白水嶼之原，」礼也。嗚呼！死合同穴，歎泉扉之異掩；葬之中野，靡墳樹而」長懷。黯寒日以無晶，背連崗而不極，勒乎貞石，俾存不朽。銘曰：」

夫何淑媛兮若蘭春，与玉英有美兮，鳳皇兮和鳴。曾孀〔霜〕」來而露往，嗟半死而半生。西之日兮東之水，子欲養而」親不俟。攀長松之哀哀，孤墳一閇不復開。」

［按語］

2021年11月慈溪市博物館徵集。石高43、寬53.5、厚8厘米，右下角石面脱落。

誌文正書，共26行。

章國慶先生此前幾年拍攝的圖片中脱落殘片尚存，兹據補，並加底紋。

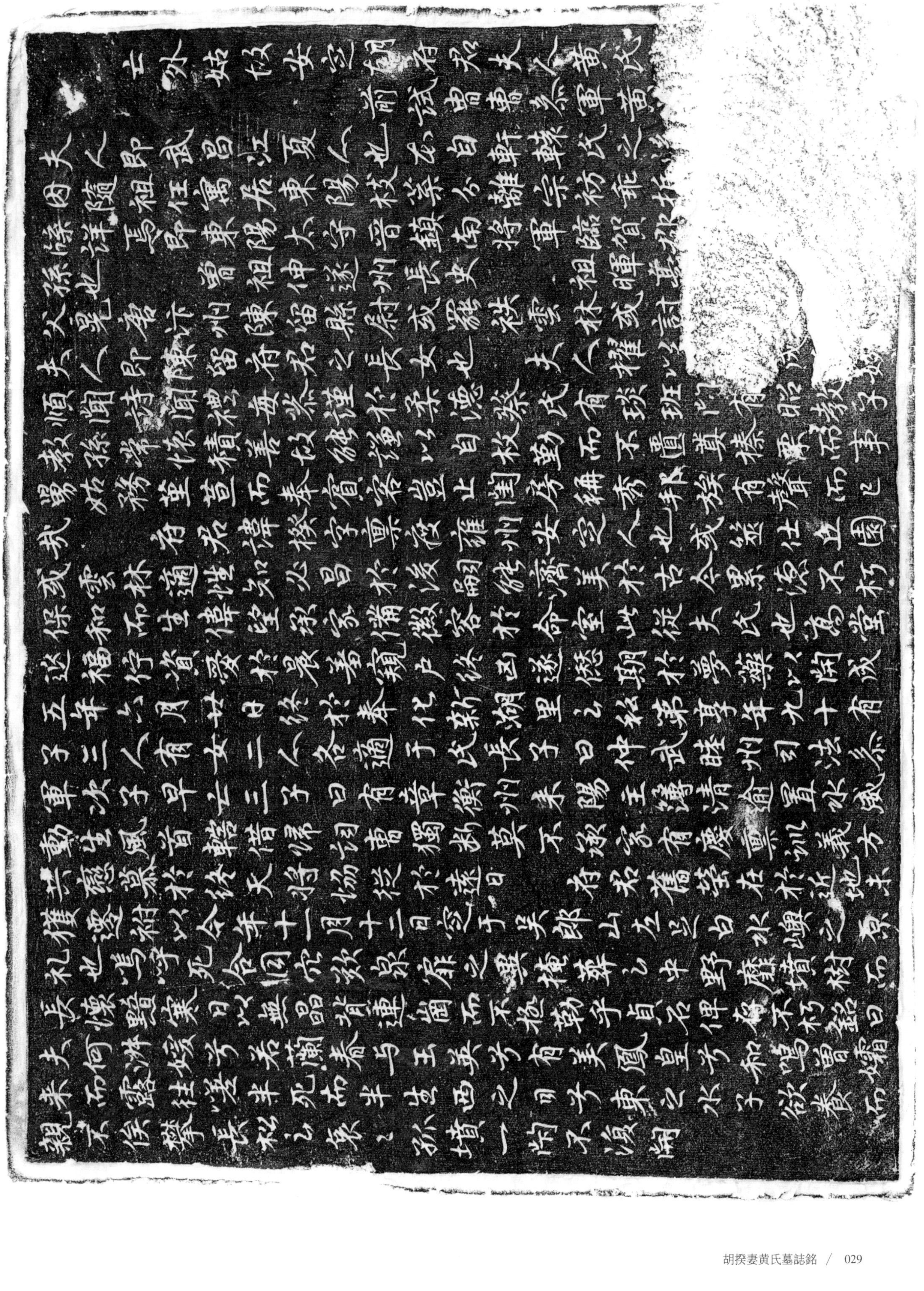
亡外姑故安定胡府君夫人黃氏
前試曹書參軍黃[illegible]
夫人即武昌江夏人也本自軒轅氏之後[illegible]
因隨祖任寓居東陽枝榮分離宗祊乖析[illegible]
條詳焉即東陽太守晉鎮南將軍臨賀郡[illegible]
孫也曾祖伸遂州長史祖暉冀[illegible]
父冕唐汴州陳留縣尉或羅祩雲林或討[illegible]
夫人即陳留府君之長女也夫人擢以[illegible]成[illegible]妙
順聞詩聞禮每恭謹於柔德蔡氏有琰班門有昭教子
教孫常懷積善故能謹以自校勤而不匱莫榛栗而事
舅姑務菫荳而奉賓客豈止閨房稱秀邦族有聲而已
哉　府君諱揆字稟度雍州安定人也或筮仕丘園
或雲林適性知必昌於後嗣能濟美於古今累德不朽
保和而生偉望家備徽容於命室此從夫氏也高堂
遂福停資愛於晨羞窺戶終凶遂懋期於夢藥以開成
五年六月廿日終於奉化新湖里之私第享年九十有
子三人有女二人各適于氏長子曰仲武睦州司法參
軍次子早亡三子曰有章衡州耒陽主簿清逾置水威
動生風首轄借歸詞曹獨斷莫不家有慶稟訓義方
共戀慕於終天將協從於遠日　府君舊塋在於近地未
獲遷祔以今年十一月十二日窆于吳郎山左足白水嶼之原
禮也嗚呼死合同穴欽泉扉之異權葬之中野靡墳樹而
長懷黯寒日以無晶背連崗而不極勒乎貞石俾存不朽銘曰
夫何淑媛兮若蘭春与玉英兮有美鳳皇兮和鳴曾孀
來而露往嗟半死而半生西之日兮東之水子欲養而
親不俟攀長松之襄襄孫墳一閉不復開

〇一五　章福墓誌銘 唐開成五年（840）十一月二十四日

[誌文]

故□□章府君墓誌并序」

有唐開成五年人[1]十月十九日，故處士章府」君終于里第，以十一月□廿四日遷窆□樓船」鄉菁江里臧墅村住宅西北之隅祖墓畔。遠[2]」祖即帝王之後，今爲越州餘姚人也。府君」諱福，識度弘遠，重瑛發輝，鼓霜刀而作性，勤」利劍以爲心。不幸寶山未格，逝水先流，享年」五十有五。夫人戴氏。嗣子二人：長君慶，次君逸，」其□繼之一雙也。慮陵谷之改變，乃刻以」爲銘：

昂昂體貌，滔滔逝川；」無時白日，長閇幽冢。」

歲次庚□□一月癸酉朔。」

[按語]

2022年11月10日，孫勤忠先生捐贈給慈溪市博物館。誌磚高、寬均37、厚7.5厘米。誌文正書，共12行。

[1] 人，此字突兀，疑原爲“冬”字。

[2] 原收藏者剔字畫間淤泥時在左下誤加“女”部。

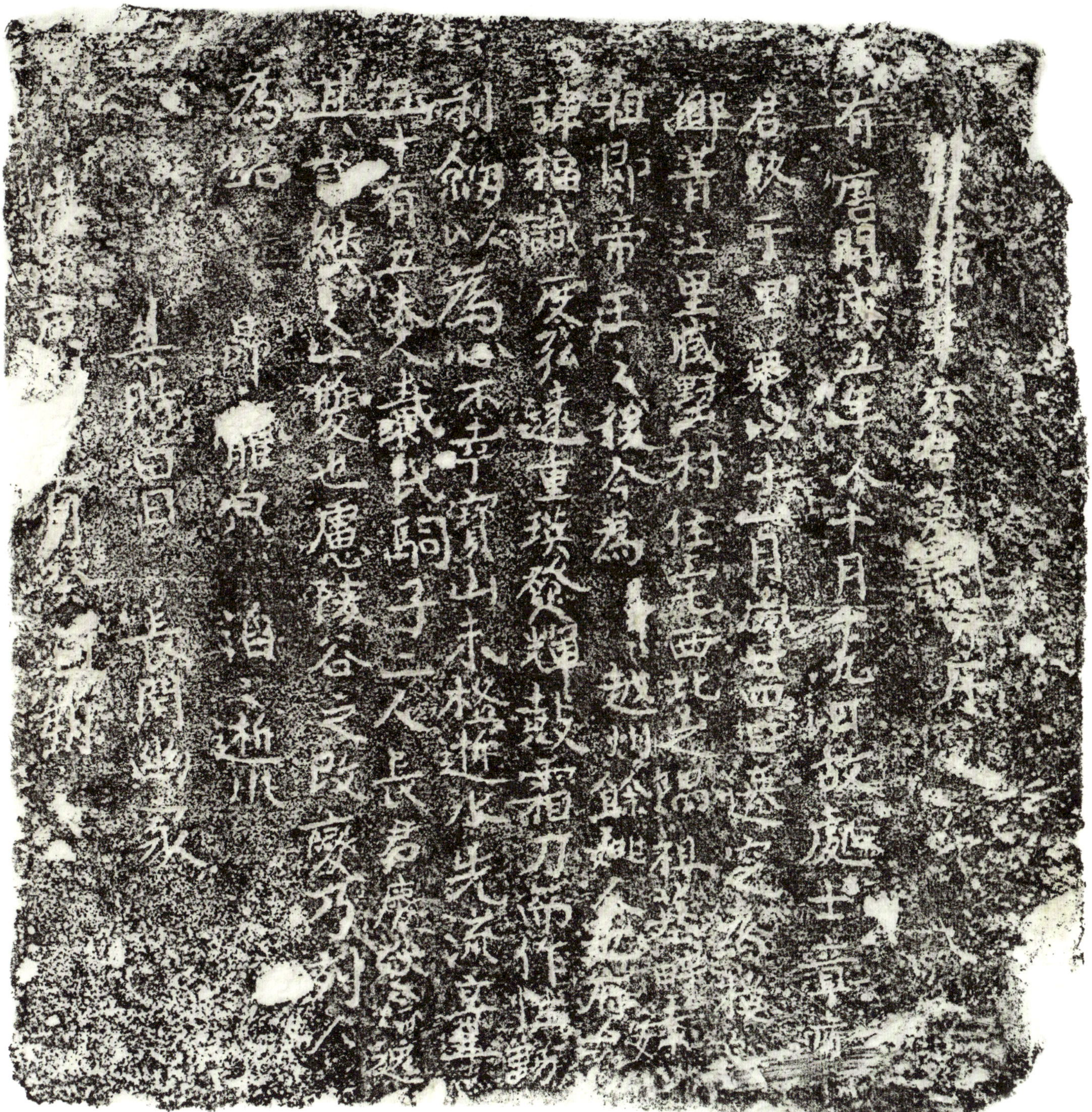

〇一六　童陵三郎妻厲氏墓誌銘　唐會昌元年（841）十月二十四日

[誌文]

唐故夫人厲氏墓誌銘 二百七十二字」

太原郭宙詞并書」

夫人先考諱嵒，裔本河南。淑孝貞儉，」組紃姆教，温潤如玉，笄年整肅。及事河」南童陵三郎薦枕，待禮如賓，夫義婦」聽，上和下睦，契〔竊〕謂終始而保家肥，不幸」享年卌有三，以九月十四日而逝。嗣子九人，」五男四女，男名之曰：長則伯儒，次伯新、伯」和、陸奴、相郎，女未媲，男未婚。撫櫬哀號，」愍之偏露。家弘積慶，天乎靡徵，福謝」禍鍾，沉瘼斯殞。生既爲榮，死必歸土，以」會昌元年十月廿四日，窆于吴山東南面松」林鄉界石門里，各區分野，其塚南向，兼包」祖塋，合葬于是，將明後嗣，永爲不朽。乃」銘之曰：」

淑德弘義，貞松節霜。本期偕老，」胡爲獨亡。積善無託，玄穹降殃。」男女號越，親鄰戚傷。魄隨靈旐，」悲慘寒光。長辭白日，永窆其岡。」

東至張懷清，西至陳寶興，南路，北至山尖。」

鐫手太原郭的。」

[按語]

浙江紹興市會稽金石博物館藏誌。誌石高 32、寬 47.5、厚 6 厘米。

誌文正書，共 21 行。“愍”“號”之“民”“虎”闕末筆。

《寶慶四明志》卷十五《奉化縣志》卷二頁一：“松林鄉，縣東南，管里二、村三：鳴雁管、石門里、落闌村、雙溪村、固海村。”

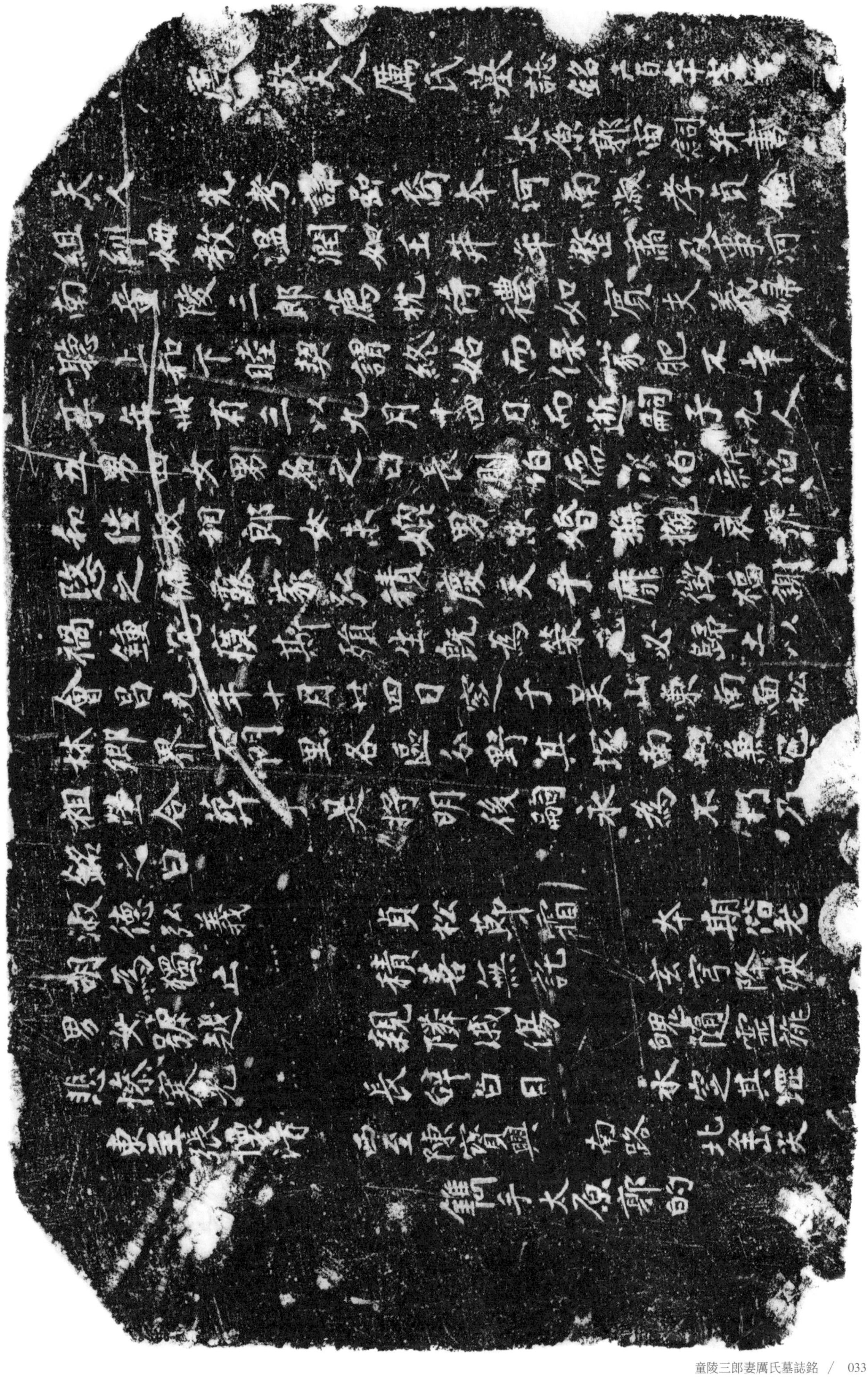

○一七　萬師貞墓誌銘　唐會昌元年（841）十一月十三日

[篆蓋]

明州」鄮縣」

[誌文]

唐故台州樂安縣尉萬府君墓誌銘并序

昌黎韓季鐫字」

鄉貢進士李仲模撰

迁山人滎陽潘孚」

府君扶風人也。自得姓氏，官〔冠〕冕繼踵，皆在譜諜，此不具載。」曾祖賢，祖璀，並匿跡丘園，高道不仕。父良器，皇梓州司」馬。公諱師貞，字建方，三衛出身，釋褐受台州樂安縣尉。」府君英達君子，德以潤身，獨立不羣，孤標自舉。藴風雲之氣，」稟松桂之姿，以酒陶情，以道自適，士行族類，孰不欽風。搢紳爲仙」尉，是九層之漸也，擢自公材，冀昇大任，於開成五年再選受台州」司士參軍。雖注唱已定，而籖告未領，旋染疾癘，天不遺憖，殲我」忠哲。醫禱無徵，俄歸大夢，以會昌元年二月廿一日歿于京輦，享」年四十有九矣。於戲！積善而不与其壽，及官而不及其禄，未展逸」足，豈期鵬翼斯墜哉。於是里人不歌，隣舂罷相。即以其年十一月十」三日遷祔于崇儒鄉大塋，蓍龜叶吉，乃從其宜也。夫人滎陽鄭氏，」四德早備，嬪于君子，閨範内脩，徽譽外發。移天之敬，則肅雍」和鳴。所冀偕老百年，豈期鳳桐半朽，未亡在側，哀慟何堪。」嗣子二人：長曰元瑜，季曰元璪，瑜齋郎出身，皆富有春秋，志」耽經學，寔鸞鳳之姿，冀聞天之唳，承襲門地，足繼弓裘矣。」□一人，婉娩和柔，早適清河張氏，子壻張仙，三衛出身，風雅儒士，」⧄同芳，悲悼過於常情，半子踰於謹」⧄兮昆仲，自丁凶舋，柴毀骨□」⧄誌於泉□」（下缺）

[按語]

2020年9月慈溪市博物館徵集。蓋石盝頂形，高50、寬54、厚9厘米，頂面四周及四殺刻卷雲紋。篆蓋2行，行2字。誌石左側殘，高51、殘寬41、厚6厘米，上下兩邊刻幾何紋，右邊綫刻折枝紋。

誌文正書，存21行。

[著録]

章國慶編著：《寧波歷代碑碣墓誌彙編》第27—29頁。

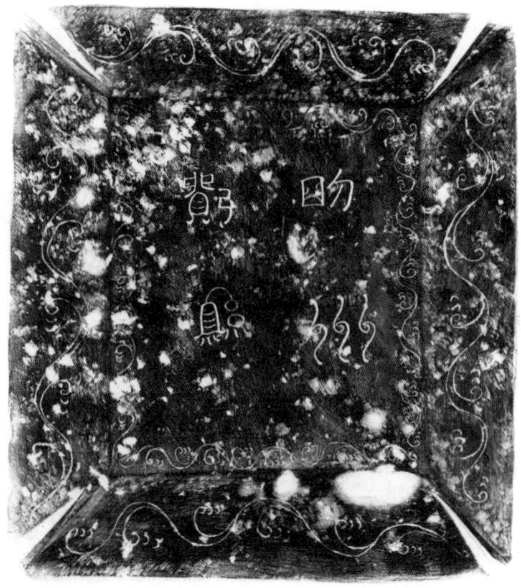

唐故台州樂安縣尉萬府君墓誌銘并序　昌剡叅緯李□□
鄉貢進士李仲摸撰　迁山人滎陽潘孚
府君扶風人也自得姓氏官冕繼踵皆在譜諜此不具載
曾祖賢　祖璀並匿跡丘園高道不仕　父良器皇梓州司
馬　公諱師貞字建方三衛出身釋褐受台州樂安縣尉
府君英達君子德以潤身獨立不羣孤標自舉蘊風雲之氣
禀松桂之姿以酒陶情以道自適古行族類孰不欽風搢紳為仙
尉是九層之漸也擢自公材冀昇大任於開成五年再選受台州
司士叅軍雖注唱已定而纖告未領旋染疾痾天不遺慭殲我
忠哲醫禱無徵俄歸大夢以會昌元年二月廿一日歿于京華亭
年四十有九矣於戲積善而不与其壽及官而不及其禄未展逸
足豈期鵬翼斯墜哉於是里人不歌隣舂罷相即以其年十一月十
三日遷祔于崇儒鄉大塋著龜叶吉乃從其宜也夫人滎陽鄭氏
四德早備嬪于君子閨範□脩徽譽外發移□□□則肅雍
和鳴所冀偕老百年豈期鳳桐半朽未亡在側哀慟何堪
嗣子二人長曰元瑜季曰元璟瑜齋郎出身□當有春秋志
耽經學寔鸞鳳之姿冀聞天之喛承襲門地是繼弓裘矣
□宛娩和柔早適清河張氏子壻張佃三衛出身風雅儒士
□□同芳悲悼過於常情半子踰於諸
□子泯□自丁□□疊柴毀骨
□志□泉

○一八 祝巽墓誌銘 唐大中元年（847）十一月十日

[誌文]

唐故祝處士墓銘并序」

布衣史耘述

張從飛書并鐫」

府君諱巽，須江人也。祖諱相，皇考諱晏，皆英髦」俊彦，爲世之所稱重。至若徵其遠世，即晋御史」大夫琨之裔苗也。府君即皇考之次三子也。性」貞固磊落，常秉節藴義，其心匪石不可轉也。擅」鄉黨里閭之譽，熟〔孰〕不高尚焉？愚謂曰：大凡人處」世有仁義節操，方伯子男聞而旌之，俾不善」者亦善之，斯教化之大端也。噫！公有節有義，不」得聞於方伯子男，奄歿于世，寔可興嘆哉！大」中元年秦正月一日，疾終餘姚私第，春秋七十」有七。公早歲媾夏氏，氏有令德，不幸先逝。有子」二人：長曰君政，娶鄭氏；次曰君亮，娶余氏。有嫡」孫四人：曰士儒、士素，曰寶，餘尚稚齒。承嚴訓而」孝自天性，夜泣月而晝號雲，誠哉！公有子也。以」其年冬十一月十日安窆于當縣雙雁鄉董墅」里中埭村，邑之西南七里龍山之陽，即先妣夏」氏夫人塋之庚首也。迺刊石以紀其年祀。既命」余誌，遂誄之，其銘曰：」

濟濟哲人，有典有則。彼蒼不仁，」殲我良德。松筠忽萎，金玉俄泐。」丹旐翩翩，引歸山側。於万千年，」遺音不默。」

[按語]

浙江紹興市會稽金石博物館藏誌。誌石高 46.3、寛 57.5、厚 7 厘米。

誌文行書，共 23 行，滿行 18 字。

[著録]

章國慶編著：《寧波歷代碑碣墓誌彙編》第 31—32 頁。

○一九 惠氏地券 唐大中四年（850）二月二十三日

[券文]

維唐大中四年歲次庚午朔[1]二月庚戌廿三日」壬申惠氏夫人石書券文」

夫人生居城邑，死安宅兆，以大中二年三月廿」三日歿故終于私第。龜噬〔筮〕協從，相地襲吉，宜於」越州餘姚縣樓船鄉，村曰臧墅，里曰菁江，朱墅」湖西北山之原。本墓塋域，謹用信契。東至甲乙」木青龍，南至丙丁火朱雀，西至庚申金白虎，北」至壬癸水玄武，上至黃泉中宫，下至地。是亡人」塚所，上至伏屍爲亡奴婢，下有盤〔磐〕石爲亡隣里，」當錢九万九千九百九十九文，並属亡人所管。」丘丞墓伯，道路將軍。功〔工〕匠塋〔營〕造靈柩，永保万歲」千秋。保人今日直符。故氣邪精，不得干恡。若違」此約，地府自當其禍，主人内外存亡安吉。急急」如律令。」

[按語]

私人藏券。拓片高30、寬23.5厘米。

券文正書，共14行，滿行18字。

惠氏或是俞暹第二任妻室，見唐大中十三年（859）《俞暹墓誌銘》。

[1] 朔，當移置“庚戌”之下。

維唐大中四年歲次庚午朔二月庚戌廿三日
壬申惠氏夫人石書券文
夫人生居城邑死安宅地以大中二年三月廿
三日殁故終于私第龜筮協從相地襲吉宜於
越州餘姚縣樓船鄉村曰臧墅里曰菁江朱墅
湖西北山之原本墓塋域謹用信契東至甲乙
木青龍南至丙丁火朱雀西至庚申金白虎北
至壬癸水玄武上至黃泉中宮下至地是亡人
塚所上至伏屍為亡奴婢下有盤石為亡隣里
當錢九万九千九百九十九文並屬亡人所管
立承墓伯道路將軍功近塋造靈柩永保万歲
千秋保人令白直符故氣邪精不得干悋若違
此約地府自當其禍主人內外存亡安吉急急
如律令

○二○ 葉成及妻於氏合葬墓誌 唐大中四年（850）七月二十一日

[誌文]

唐故葉府君及夫人墓誌并序」

前試太常寺協律郎盧廓撰」

府君諱成，字子高。本姓沈，沈尹成之子，楚康王立，改沈封」爲葉公。爲令尹司馬子西之國南陽楚縣人也，住句章之」邑。高祖諱昭，曾祖諱瓊，祖諱貴，皆高逸不仕。府君即華」公之長子，以靖能尊師之原也[1]。府君爲仁温克，守職卅」餘載，累任曾無一失。以大中二年正月初二日忽染疾而」終，時年卌有七。夫人故處士京兆於超之長女也。」夫人均壹之備，四德俱聞，外睦六親，内諧九族。以大中」四年三月十六日染疾而終，時年五十。育子六人，三男」三女：長男曰弘之，效於軍職，文武俱備；次曰弘度，無慮」之士；次曰弘慶，性和言簡，與物無競；長女嫁彭城劉府」君男；次曰亡；三曰在室。嗚呼！府君積善之家，冀有餘慶。」以其年歲次庚午七月丙申[2]廿一日丙申，是日也，二百」餘人相送，男女號咷，弟兄失足，鄉閭嗟嘆，親戚同悲，」禮葬於當縣唐昌鄉延江里之原。先買得童朝業宅」約闊貳拾畝爲墓田，内修填墩兩所，週迴闊數畝已來，」用功浩大。南大墩上爲墳塋，与府君同墓也。其墓東至」鄭佽墩及朱墓并徐義長田宅，西臨小江湖漈，内有水」田叁畝已來，南枕岑家舊橋橫涇，北踏徐義長宅及枕」顔敭橋，盖遺命，禮也。慮後山川改變，故勒貞石爲記。」

[按語]

2018年5月慈溪市博物館徵集。誌石右下角稍殘損，高49、寬56、厚6.5厘米。誌文行書，共21行。

---

[1] 此句文義不可解。

[2] 丙申，唐大中四年（850）七月干支为甲申月，朔日干支爲丙子，故此“丙申”爲衍文。

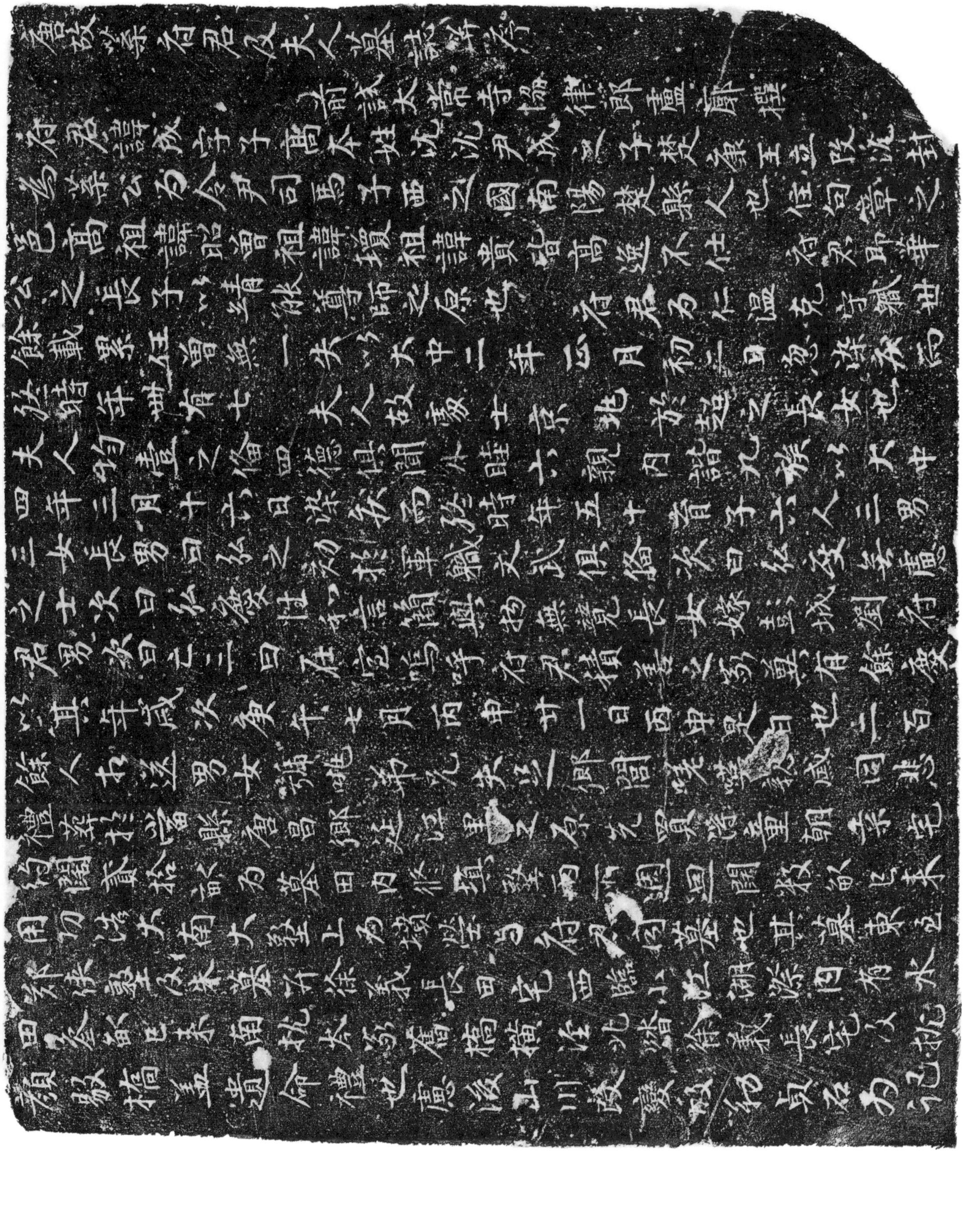

○二一　俞暹墓誌銘　唐大中十三年（859）十月二日

［篆額］

唐俞府君墓銘

［誌文］

唐處士俞府君墓誌銘并序

鄉貢進士許渤譔

天水姜簡能書」

府君河間人，諱暹，字翼都。曾大父承祖，洪州別駕。大父崇珪，爲處州縉雲縣尉。」父國朝，試太常寺奉禮郎。」府君即奉禮之次子也。他日，府君謂嘗人曰：“始予之先，多居于商洛，當周」天子而吾望立矣。洎乎司馬氏有天下五十餘年，而晋室寖微，時非桓文輔匡，」神器文物南徙于江東，凡是縉紳，亦隨而遷。繇是楚夏之地，山秀水碧，便於生」靈者，擅而我宅。或計能其利，貨殖盈户，厥之尤者，擬侯室之富。俾吾入仕，則有」翼於青雲，何者？以《易》之説辨乎天，以《書》之説稽乎事，以《禮》之説詰乎體，以《詩》之」説盛乎志，以《春秋》之説著乎理，奮吾之性，盡彼之妙藝，乘斯而往，爲王公，爲卿」大夫，下是者齷齪，吾不欲觀之。况屑屑而得，又隱於公者，是上負天子之責，」推而治之，則餒凍妻妾，是不爲也。故曰吾不欲觀之。”乃決興其産，果能豐玉帛，」廣膏腴，廪墉如阿，巨棟凝煙，深堂宴坐，侍僕旁午。噫！或之爲字邑牧民，必子賤、」叔度之儔與。

府君三其娶，其始南陽葉氏，早亡，孤一人，曰公綰。次琅邪惠氏，」亦早亡，孤五人，曰公儉、公及、公慶、公最、公贊，女一人，歸于南陽葉存約。又次安」定胡氏。於是乎在在大中十二年戊寅歲秋八月二十三日卒，享年七十三，以」明年冬十月二日於越州餘姚縣西南樓船鄉朱墅湖北壖臧墅村菁江里」山之原，啓琅邪惠夫人之墳合葬焉，禮也。

渤久客于是，與孤元節伯仲之遊，」熟其德行孝道，每一往吊，未嘗不列立號怨而言曰：“子之有文，異日必光顯於」天下，請與吾紀先大人之墓。”渤既敬其負土，復盛元節之諸季五龍，河間之」門，必由是而大。故因不訖辭，銘曰：」

倏涬荒荒，孰爲廣平。澤國其流，東南而傾。海注不盡，湖波澄盈。塊載雄餘，群山」峥嶸。泱漭森沆，上交巨清。中産靈丘，胤德垂英。合藏于是，必符穹禎。斯五令子，」有待而生。斯後嘉孫，弈慶重榮。設千万年，他墳毁平。玆墳永寧，益厥休明。」

[按語]

2016年7月慈溪市博物館徵集。誌石高71、寬47、厚10.5厘米，四周刻纏枝紋，下端帶插榫，長11厘米。

篆額横向單行6字；誌文行書，共23行，滿行30字。

唐俞府君墓銘

唐處士俞府君墓誌銘并序　鄉貢進士許徽譔　天水姜崗儀書
府君河間人諱暹字翼都曾大父承祖洪州別駕大父崇珪為處州縉雲縣尉
父國朝試太常寺奉禮郎
府君即奉禮之次子也他日　府君嘗謂人曰始予之先多居於商洛嵩周
天子而吾望亞矣洎乎司馬氏有天下五十餘年而晉室歸微時則桓文輔廷
神器文物南從于江東凡是縉紳之隨而遷錄是楚夏之地山谿水磐便於生
靈者糧而我宅或計維其剝貨殖盈戶廢之尤者擬儀寶之富得吾入仕則有
冀於青雲何者以易之說辯乎天以書之說稽乎事以禮之說詰乎體以詩之
說盛乎志以春秋之說著乎理奮吾之性盡彼之妙藝業斯而往為王公為卿
大夫不足者蠶蛾吾不欲觀之況屑屑而得又隱於公者是上負天子之責
推而治之則餕凍妻息是不為也故曰吾不欲觀之乃決興其產果能豐玉帛
廣膏腴廩墉如阿巨棟凝煙深堂宴坐侍僕亭午噫或之為家邑牧民必子賤
將度之傳與府君三其娶其始南陽葉氏早亡孫一人曰公緒次琅邪惠氏
亡早亡孫五人曰公儉公及公慶公最公贊女一人歸于南陽葉存約又次安
定胡氏於是乎在在大中十二年戊寅歲秋八月二十三日卒享年七十三
明年冬十一月二日於越州餘姚縣西南樓鄉朱墅湖之北墳臧墅村菁江里
山之原啓琅邪惠夫人之墳合葬焉禮也徽久宪于是與孫元節伯仲之遊
孰其德行孝道每一往吊未嘗不列坐歸親而言曰子之有文異日必光顯於
天下請與吾紀先大人之墓徽既敘其負太復盛元節之諸孝五龍河間之
門必由是而大故因不讓辭銘曰
脩涬茫茫孰為廣平澤國其流東南而傾海注不盡湖波澄盈塊載雄傑群山
崢嶸泱漭森沆上交巨清中產靈丘孤德垂英今藏于是必符穹禎斯五令子
有待而生斯後嘉孫弈慶重榮設千万年他墳毀平茲墳永寧益庥休明

唐處士俞府君墓誌銘并序　鄉貢進士許激撰　天水姜蔄依書
府君河間人諱暹字翼都曾大父承祖洪州别駕大父崇珪為處州縉雲縣尉
父國朝試太常寺奉禮郎
府君即奉禮之次子也他日　府君嘗謂人曰始予之先多居於商洛當周
天子而吾望亞矣洎乎司馬氏有天下五十餘年而晉室竊微時有桓文輔主
神器文物南從于江東乃是縉紳之隨而遷錄是楚夏之地山秀水發便於生
靈者擅而我宅或計其利貨殖盈戶廢之尤者擬侯室之富俾吾入仕則有
冀於青雲何者以易之說辨乎天以書之說稽乎事以禮之說詰乎體以詩之
說盛乎志以春秋之說著乎理奮吾之性盡彼之妙藝兼斯而往為王公為卿
大夫下是者雖寵吾不欲觀之況屑屑而得又隱於公者是上負天子之責
推而治之則餒凍妻孥是不為也故曰吾不欲觀之乃決與其產果能豐玉帛
廣膏腴廩墉以阿巨棟凝煙深堂宴坐侍僕旁午噫或之為字邑牧民必子賤
封度之傳與　府君三娶其始南陽葉氏早亡孫一人曰公綰次琅邪惠氏
亦早亡孫五人曰公儉公及公慶公最公贄女一人歸于南陽葉存約又次安
定胡氏於是乎在在大中十二年戊寅歲秋八月二十三日卒享年七十三以
明年冬十月二日於越州餘姚縣西南樓邪鄉朱墅湖之北壖臧墅村著江里
山之原啓琅邪惠夫人之墳合葬焉禮也激久究于是與孫元節伯仲之遊
熟其德行孝道每一往吊未嘗不列坐歸覲而言曰子之有文異日必光顯於
天下請與吾紀先夫人之墓激既敘其負去復盛元節之諸季五龍河間之
門必由是而大故因不讓辭銘曰
脩滄荒荒孰為廣平澤國其流東南而傾海注不盡湖波澄盈塊載雄餘群山

○二二　俞暹地券　唐大中十三年（859）十月二日

［券文］

大中十三年十月二日，故府君俞暹生居城邑，」死安宅兆，以大中十二年八月廿三日歿故，今」龜筮協從，相地襲吉，宜於越州餘姚縣樓船鄉」之原菁江里臧墅村安厝宅兆。謹用五方綵雜」信買地一畝，東至青龍，西至白虎，南至朱雀，北」至玄武。内方勾陳，分掌四域，丘丞墓伯，封步界」畔，道路將軍，整齊阡伯〔陌〕，千秋萬歲，永無殃咎。若」輒干犯訶禁者，將軍亭長，收付河伯。今以將雜」物銀錢等共爲信契，其地交付亡者府君收掌。」營造安厝亡人，已後永保休吉。知見人歲月主」者，保人今日直符。故氣邪精，不得干恡，先有居」者，永避万里。若違此約，地土主吏自當其禍，主」人内外存亡安吉。急急如五帝使者女青律令。」

［按語］

私人藏券，四周刻纏枝紋，石高33、寬26.5、厚6厘米。

券文行書，共13行，滿行18字。

大中十三年十月二日故府君俞暹生居城邑
死安宅兆以大中十二年八月廿三日殁故今
龜筮協從相地襲吉宜於越州餘姚縣梅川鄉
之原青丘里藏墅村安厝宅兆謹用五方綵雜
信買地一畝東至青龍西至白虎南至朱雀北
至玄武內方勾陳分掌四域丘丞墓伯封步界
畔道路將軍整齊阡陌千秋萬歲永無殃咎若
輒干犯訶禁者將軍亭長收付河伯今以將雜
物銀錢等共為信契其地交付亡者存君收掌
營造安厝亡人今已後永保休吉知見人歲月主
者保人今日直符故氣邪精不得干恡先有居
者永避万里若違此約地土主吏自當其禍主
人內外存亡安吉急急如五帝使者女青律令

〇二三　俞暹妻胡氏墓誌銘　唐咸通十五年（874）九月二十一日

［誌文］

唐故俞府君胡氏夫人墓銘并序

譙郡樓〼」

夫人姓胡氏，其先安定人也，晋荆州刺史質之□。洎晋」逮于巨唐，代有賢士，具其家諜，此不復紀述。父玉，皇試」太常寺協律郎，夫人即協律仲女也。幼性冲和，長惟」謙順。處室而女功無闕，從人而婦道有聞。移天俞氏之」門廿餘載，視彼子如我育，撫孤稚若己孫。慈愛不偏，使」衆婦而無二志；指撝有中，令家人而盡一心。無慙截髪」之賢，豈讓擇鄰之善。昨者，暫聞微疹，俄沉膏肓。雖有良」醫，難免大禍。噫！夫修短定分，人理之常。以咸通十五年」閏四月廿四日，終于越州餘姚縣招賢坊私第，享年六」十有九。府君先娶瑯瑘惠氏，有嗣子五人：伯曰彦」方，前瀛州河間縣令；仲曰巽，前試左武衛兵曹參軍；次」曰彦卿，舉進士；次曰潘，皇試太常寺奉禮郎；季曰廷獻，」應孝廉科。女一人，適南陽葉紵。夫人即府君後室也，」而無胤。自河間邑長至于孝廉，並探討儒書，得古人之」風義，修德務善，實當代之曾、閔也。雖非夫人所誕，而茹」痛執喪，有同己子。嗚呼！白日不駐，丹旐有歸。以其年九」月廿一日窆于當縣樓船鄉臧墅村菁江里，附府君」之塋，禮也。

諸子扶羸銜涕，来白湲曰：“竊慮代更谷變，願」建其誌焉。”湲嘗館俞氏之舍，備聞夫人節行，慙無才藻，」詞不盡美，略銘于石，用紀歲年。」

懿哉夫人，性柔德厚。行比鴻妻，」賢方陶母。忽縈微疾，遽奄泉宫。」蒼旻難問，世恨何窮。長崗坦原，」壙其安矣。萬古千秋，淑德無毁。」

［按語］

2010年6月慈溪孫培權先生捐贈給慈溪市博物館。誌石斷裂成兩截，右下角約缺二三字，高43、寬52、厚8厘米。

誌文正書，共25行，滿行21字。

［著録］

章國慶编著：《寧波歷代碑碣墓誌彙編》第45—46頁。

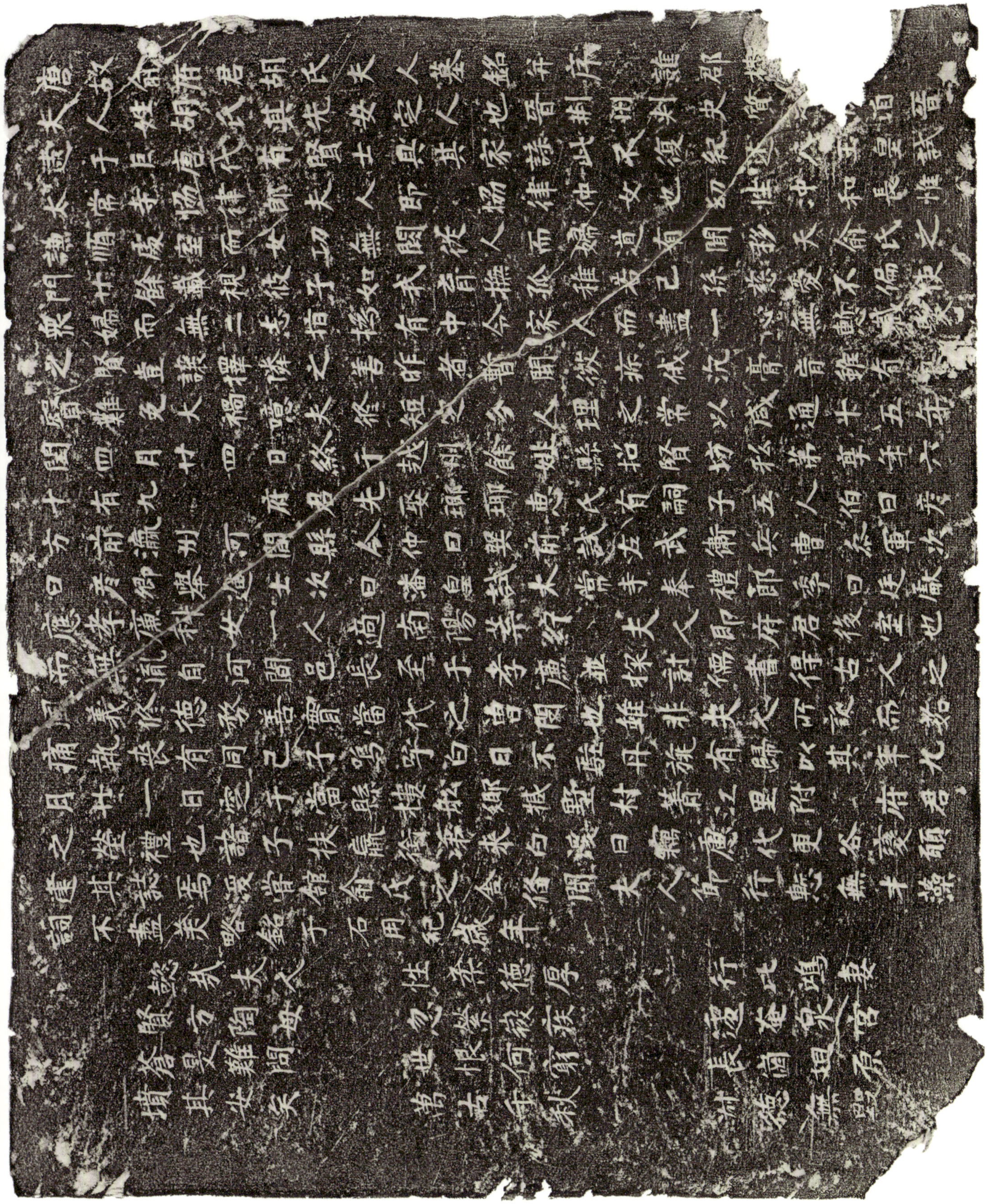

〇二四 施元遂墓誌銘 唐咸通九年（868）九月二十四日

[誌文]

唐故明州司倉參軍施府君墓誌銘并序」

鄉貢開元禮姚鄴書」

府君諱元遂，其先魯國曲阜縣人也。其族盖高辛帝嚳氏之後，姬姓」也。至武王發三子周公旦，旦生伯禽，讓成王之位，成王慙之，乃封伯」禽于魯，号魯侯。魯侯七代孫恒父受封食菜地于施邑，故賜姓施氏。」府君即後漢清河太守崇公之裔也，太守自後漢獻帝初平元年過」江，居丹陽。厥後子孫因官因封，散居吴越之間，後居吴興，大父」因卜别業於會稽。府君即清河太守廿三代孫也，曾祖楷，」不仕。祖琬，皇信州弋陽縣尉。父璡，皇處州縉雲」縣丞。

府君即縉雲丞之第五子也。府君温潤英明，孤貞雅重，仁」孝節行，謙淑敬讓。自幼肄業經學，遊太學，頗著令名。自大和中釋褐」授海州懷仁慰〔尉〕，再調授務州浦陽尉，後授明州司倉參軍。詳閑理道，」明於法令，辨雪獄刑，累有殊績。早娶安定胡氏，夫人去咸通乙」酉歲先其逝矣。男一人曰行悰，次男行恂[1]。人賢孝義，德業清高，自冠歲學業早」成，属寡弟兄，不果宦遊，今則令圖已著調集。行悰初娶福州功曹陳」府君女，有一男，曰俶[2]，方始髫年，早通經明，即期鹿鳴西上。再娶杭州」新城主簿方府君女，有男三人：曰珏，曰瓌，曰瓊。府君[3]女三人：長適台州樂」安主簿陳子藴，次適建州浦城尉管紹宗，次適鄉貢進士夏侯凝。」

府君享年八十有一，咸通丙子歲[4]三月二日，寢疾終于餘姚縣崇礼」坊之私第。以其年九月辛卯〔朔〕廿四日甲寅，卜于會稽縣廣孝鄉鏡水」之南鳳凰之東面，与胡氏夫人合祔，礼也，在皇府君墳南」三步。長女壻陳子藴奉命紀令猷，用誌貞石，兼刊銘云。」

惟松有操，惟玉有德。我公藴之，其儀不忒。動皆合礼，言以稽文。」我公德之，其道可遵。有學可師，入仕爲鏡。無比英明，推其節行。」生而有祥，長而乃昌。譽因德顯，名以績彰。明月高圓，孤峰逈出。」其跡不昧，其華益實。万古千秋，嗟我令人。大夜雖奄，清風日新。」

[按語]

2017年12月慈溪市博物館徵集。誌石四周綫刻幾何紋，高47.5、寬48.5、厚7厘米。誌文正書，共26行，滿行26字。

---

[1] 次男行恂，小字補於“悰”下字行間隙。

[2] 俶，誌主之妻胡氏墓誌作“琡”。

[3] 府君，小字補於“瓊”下字行間隙。

[4] 咸通丙子歲，紀年有誤，咸通無丙子年，當作“咸通戊子”。誌主之妻胡氏卒於唐咸通六年（865），誌主葬於“九月辛卯廿四日甲寅”，查得咸通前後九月二十四日爲甲寅日的唯有咸通九年（868），干支紀年爲戊子，“辛卯”即九月朔日。

唐故明州司倉叅軍施府君墓誌銘并序
鄉貢開元禮姚鄴書
府君諱元遂其先魯國曲阜縣人也其族盖高辛帝嚳氏之後姬姓
也至武王發三子周公旦旦生伯禽讓成王之位成王愍之乃封伯
禽于魯号魯侯魯侯七代孫恒父受封食菜地于施邑故賜姓施氏
府君即後漢清河太守崇公之裔也太守自後漢獻帝初平元年過
江居丹陽厥後子孫因官因封散居吳越之間後居吳興 大父
因卜別業於會稽 府君即清河太守廿三代孫也 曾祖楷
不仕 祖琬 皇信州弋陽縣尉 父璡 皇處州縉雲
縣丞 府君即縉雲丞之第五子也 府君温潤英明孫貞雅重仁
孝節行謙沖敬讓自幼肄業經學遊太學頗著令名自大和中釋褐
授海州懷仁尉再調授務州浦陽尉後授明州司倉叅軍詳閑理道
明於法令辨雪獄刑累有殊績早娶安定胡氏 夫人去咸通乙
酉歲先其逝矣男一人曰行悰次男行恂人賢孝義德業清高自冠歲學業早
成屬寡弟兄不果官遊令則令圖已著調集行悰初娶福州功曹陳
府君女有一男曰傚方始髫年早通經明即期鹿鳴西上再娶杭州
新城主簿方府君女有男三人曰玨曰瓌曰瓊 府君女三人長適台州樂
安主簿陳子蘊次適建州浦城尉詹紹宗次適鄉貢進士夏侯[illegible]
府君享年八十有一咸通丙子歲三月二日寢疾終于餘姚縣崇礼
坊之私第以其年九月辛卯廿四日甲寅卜于會稽縣廣孝鄉鏡水
之南鳳凰之東面與胡氏 夫人合袝礼也在 皇府君墳南
三步長女壻陳子蘊奉命紀令猷用誌貞石兼刊銘云
惟松有操惟玉有德 我公蘊之其儀不忒 動皆合礼言以稽文
我公德之其道可遵 有學可師入仕為鏡 無比英明推其節行
生而有祥長而乃昌 譽因德顯名以績彰 明月高圓孤峯迥出
其跡不昧其華益實 万古千秋羌我令人 大夜雖奄清風日新

○二五　施元遂妻胡氏墓誌銘　唐咸通六年（865）八月十八日

［誌文］

唐前明州司倉參軍施元遂妻故胡氏夫人墓誌銘并序」

徵事郎前行台州樂安縣主簿陳孚撰」

胡氏帝舜苗裔，其先因封安定侯而姓焉。」曾祖証，祖玉，父泰。夫人自笄年禮適施氏，夫人」禮儀德行，淑茂賢明，婦道以孝聞，恭謹和柔，六族畏」敬。立性含弘，能事上育下，縱爲人所忤，未嘗小有變」色，其恣顔常如忻然有笑容，亦未嘗非斥嫉怨於一人，」慈惠温肅，内外取則。倉曹自解褐歷三任，自娶」夫人暨今五十三載，爲室家，或之任，或還鄉，鸞鳳和」鳴，中無阻隔，團圓歡笑，偕老如賓。大凡生於世，榮茂」禄壽，罕有其儔。男一人，曰悰，早肄詩禮，譽聞府縣，方期」調集，圖南不遥，娶方氏。孫三人：曰琡，曰瓊，曰瓌。女五人，」次適管氏，氏壻曰逢，前越州討擊副使，早勳緒奏名，」即期赴集；次適夏侯氏，氏壻曰凝，鄉貢進士；餘三人早」亡。夫人享年七十一，以咸通乙酉歲四月十七日忽」遘疾，俄尔而歿〔終〕于餘姚縣寓居之第。是年八月十八日，葬」于會稽縣廣孝鄉鳳凰山之東南隅，在倉曹」先考府君墳之南叁步。恐塋域有變，刻石誌焉。」銘曰：」

和柔蘊德，謹肅惟賢。閨閫懿範，往行無先。」蕣華朝落，松筠無改。馨香不泯，風教長在。」

［按語］

2017年12月慈溪市博物館徵集。誌石四周綫刻幾何紋，高37、寬41、厚7.5厘米。誌文正書，共21行。

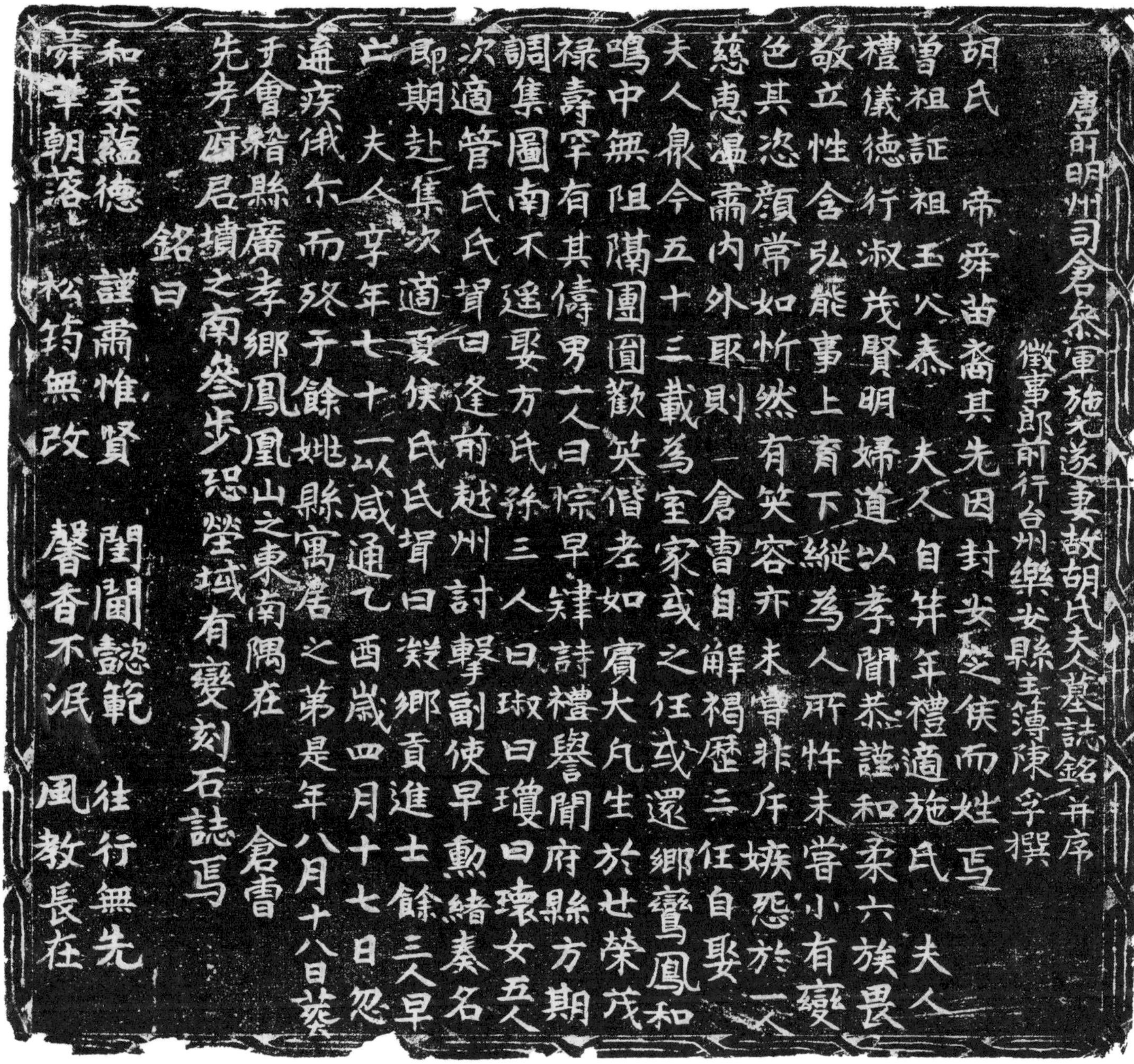
唐前明州司倉參軍施元遂妻故胡氏夫人墓誌銘并序
徵事郎前行台州樂安縣主簿陳孚撰
胡氏 帝舜苗裔其先因封安定侯而姓焉 夫人
曾祖証 祖玉 父泰 夫人自笄年禮適施氏 夫人
禮儀德行淑茂賢明婦道以孝聞恭謹和柔六族畏
敬立性含弘能事上育下縱為人所忤未嘗小有變
色其恣顏常如忻然有笑容亦未嘗非斥嫉怨於一人
慈惠温肅內外取則 倉曹自解褐歷三任自娶
夫人泉今五十三載為室家或之任或還鄉鸞鳳和
鳴中無阻閫團圓歡笑偕老如賓大凡生於世榮茂
祿壽罕有其儔男二人曰悰早肄詩禮譽聞府縣方期
詞集圖南不遂娶方氏孫三人曰瑕曰瓊曰環女五人
次適管氏氏婿曰逢前越州討擊副使早勳緒奏名
即期赴集次適夏侯氏氏婿曰凝鄉貢進士餘三人早
亡 夫人享年七十一以咸通乙酉歲四月十七日忽
遘疾俄尔而終于餘姚縣寓居之第是年八月十八日葬
于會稽縣廣孝鄉鳳凰山之東南隅在 倉曹
先考府君墳之南參步恐塋域有變刻石誌焉
銘曰
和柔蘊德 謹肅惟賢 閨閫懿範 往行無先
舜華朝落 松筠無改 馨香不泯 風教長在

○二六　葛庭墓誌銘 唐咸通十一年（870）十二月五日

［誌文］

唐故葛處士墓誌銘并序」

布衣樓安郁撰」

處士諱庭，字朝望，其先琅耶郡人也。皇祖諱」清，先考諱仲。公即先府君之長子也。公世葉」婺州，自若〔弱〕冠之年遊於會稽句章，好處園」林，遂乃安居于此。公立性温和，披尋典籍，□」尤好善，歸心釋氏，有同志相慕，竟日清談，」不能一暫已。不幸以咸通十年十月廿三日寢」疾終于私第，享年八十有一。公娶彭城劉」氏，夫人淑慎貞明，孤高令節，晝夜號泣，□」極盈懷。有子三人：長曰芳，次曰和，季曰淑。内」以孝行立節，外以儒行修身，親友鄉閭，孰不」欽仰。有女一人，適人，不幸先府君夭逝。伏以」大墓在永康縣風成鄉，道遠不及歸」祖先塋，已十一年十二月初五日卜宅兆於上」虞縣上山鄉養奇村西鷄里」戚氏之源，壬向爲墳，封府君於此。伏恐」山谷變時移，乃尅石于銘辭曰：」

昭昭處士，積善孔彰。」天與福壽，唯德之之[1]祥。」孝子孝孫，永昌于後。」尅石紀名，傳芳不朽。」

造墓鈷邵約。」

地主戚忻。

迁地山人張超。」

壬墓爲雙墳。」

［按語］

私人藏誌。誌文刻寫在越窑青瓷罐外壁，罐圓形，蓋爲荷葉形，蓋紐爲花蕾形，底座圈足外撇，高 41.5、足徑 20.5 厘米。

誌文正書 25 行，共 323 字，有界欄。

［1］之，其左側有三小點，當是删去符。

○二七　程旻妻羅氏墓誌銘 唐咸通十二年（871）十二月二十日

［誌文］

唐故程府君夫人羅氏墓誌銘并序」

濮陽吴忠順撰」

禮重銘者，用紀將来，而録姓氏，書其善以扃重泉，歷世代，曰誌銘也。爰」羅氏夫人襄陽上望，世遷因宦，略而不書。父諱山，即仲女也。清門敩道，儒」釋經綸，明了其義，此夫人亞賢也。真理外好，詩書有歷心耳，敬而不忘」者，此夫人之廣知也。少歸程氏，敬上念下，侍奉無違，光于内則，此孝慈也。織紝」組紃，供用不匱者，専女功也。資貨交涉，不耐隐欺，此平等也。無弃材，無奢」度，取捨皆中，凡一物以上弃扑慎惜，此節用也。衣不華侈，食不甘重，誡語治」生，夙夜無怠，此勤儉也。断酒味，除血辛，不逸樂，專持念，此佛性也。齋誡捨施，」佛事莊嚴，此道心也。善議家計，産業將成，心力不憚，此智惠也。儲禀盈於」万斛，未洵矜恃者，知愧福分也。親疏敬仰，馳慕仁風，作事成規，出言成教，」此至德也。或僮僕疏違，家私小過，嚴毅訶叱，懾伏謝愆，正直治家，瞻視」畏愛，此剛柔也。夫人逾先府君五祀，善和畢世，保守偕年，此積善延壽。咸」通十二年辛卯歲九月十四日，既知疾革，遠戚未奔傳附善，訣别謝世，心不顛」倒，遺囑道誡，此夫人得弥陀之實相也。嗚呼夫人，享年八十八，紀德行一十五」條，可謂年德俱高，恐儗其倫罕如也。昔陶孟二母，截髮擇鄰，史書雅傳，」未必圓滿如此。先府君諱旻，咸通五年先逝，預建合堂石室，先銘于左」焉。生一子，名稔，監察御史兼明州押衙。長孫諱國祥，當州押衙，咸通七年」使乎安南而逝，歸窆塋南，别銘焉。小孫名國超，攝押衙。數曾孫或有壯室，或在」幼儀。是歲，擇十二月廿日辛酉窆于合堂之右，禮也。忠順素藉眷分，欽丞徽」□，奉命制銘，實録積善，不飾虚詞，永兹墳儀，兼光家誡。其銘曰：」

明鄮郡縣，西湖曰鄉，剡浦之北，龍山之陽。程君夫人，預建合堂，」合堂數載，人猶富昌。其一。

偉哉夫人，年德俱著，道氣爲儔，清風作侶。」經書放言，詩礼效語，門似儒墻，家如佛宇。二。

厚載何極，高明不息，」寧留存亡，豈駐盈昃。生死常道，古今恒式，知来見往，賢達自側。」墳塋先建，松栢預植，終得天年，無窮万億。三。」

［按語］

私人藏誌。誌石四周綫刻幾何紋，高 52、寬 55 厘米。

誌文行書，共 26 行。“旻”字闕末筆。

唐故程府君夫人羅氏墓誌銘并序

祖重玘者閩州紀信將未仕郡陷賊此從父也皇考
羅氏夫人豫陽吳志順撰
濮陽吳志順撰
釋慧徹沙彌明叔華嚴沙彌道儒
俱削髮捨用不愚一物己上捨此先真理火侍事方應心其邠子父
供州供用不愚一物己上先真理火侍奉無遠此干卷也先种杜無奢
佛事正嚴此道也善謙家此產業特戒力不憚持今此智惠也儲戒捨施
附不聞於持者知愧福紹也親鍊紛也親驅正悟相家眼視
受此鬧業也夫人渝嘗僕疎濤家紈小過嚴毅商此懼休湖紀正悟相家眼視成教
延壬子年卯歲九月十四日瞑蒸府君五祀美也黃冠未茶年保傳附善逝壽咸稟
條可得年八十二三歲髮擇隣此書雅傳
嗚呼夫人氏生辛八十八紀歷行二十五
使次女南市道歸定堅南別銘馬小孫名國袒攝押衙尚書當獄成有壯室或在
未公圓秘如此先府君沛臨察御史魚明州押衙長孫沛圓祥當獄咸有壯室或在
紀儀與咸澤十二月廿日卒囟窆于合塋之
奉命制銘實錄積羞不節墓二洞水沇情儀魚君君人誠其松日
明此窆縣西湖曰廓具皇天之宇應從者道氣兮桓斌三
合塋戴嚴人擅富貴凡拜札湖此高朋不見三
埴塋代先建松柏賴相絡得奧年
寧帽幷松柏賴相絡得奧年
徑舊從古許札湖治上兄常道左兮無第乞佐

○二八　趙文和墓誌銘 唐中和二年（882）八月十四日

[誌文]

唐天水趙府君誌」

夫天長地久，日月有也。府君諱文和，以中和二年七」月廿一日故，八月十四日〼」長子肅，次珂，次集，四子□。長女〼」僧老，次禪師，次〼」世代年深，刊之銘曰：」

東水坑，西水坑〼」

[按語]

2016年3月慈溪市博物館徵集。誌磚長、寬均35、厚6厘米。

誌文正書，共7行，下半部已剥蝕。

○二九　楊府君墓誌蓋 唐（618 ～ 907）

［篆蓋］

唐楊府」君墓誌」

［按語］

據童兆良《溪上尋蹤》（中國文史出版社，2005 年），墓毁於早年，誌石不存，蓋石於 2000 年慈溪市横河鎮石堰出土。2004 年，楊國宏捐贈給慈溪市博物館。盝頂形，底部邊長 50、頂部邊長 30、厚 6 厘米。篆蓋 2 行，行 3 字。

唐楊府
君墓誌

○三○ 虞脩墓誌銘 五代吴越寶正五年（930）十二月十三日

[誌文]

吴越國故節度討擊副使銀青光禄大夫檢校太子賓客兼」侍御史會稽郡虞府君墓誌銘

下邳支漢樞述」

府君諱脩，字表安，世祖貫東都餘姚縣。職係皇城，頃受」宣旨，充中吴府迴圖院副二，居于媋〔館〕娃，首涉二十餘載。曾祖悦，志」在溪山，用天道而分地利。祖憲，職係鄞江衙前惣管。皇考璋，翊戴」名高，股肱帝闕，迭受遷昇，贈兵部尚書、西班左監門衛將軍。府」君則璋之孟子也。風儀爽邁，器宇冲和，瑞玉絶瑕，寒松著韻。藴其」行，行無二過；慎其言，言有三思。擇善而交，与朋立信。嘉譽播衆多」之口，端莊顯朝列之先，孝唯侍親，忠推奉國。自駐吴菀，累易」星灰，常施舉善之懷，每藴掩瑕之德。未盡其美，禍訃勿侵，遘疾一」年，沉綿四大。秦醫併至，晋豎難驅，祝佛啓神，略無應效。維寶正五」年□次庚寅十一月廿一日，啓于手足[1]吴縣吴門鄉私第，春秋五」□□□。□東海徐氏，結髮至終，和鳴賢睦。育二男：長知遜，娶吴興」□□□新婦；次滿兒。二女：長官娘，適潁川陳氏；次劉師，方及笄釵。」府君孟仲十人，或受職本州，或榮居朝省，或嗣業處私，不備載」録。知遜等絶漿旬夕，號殞晨昏，禮制有規，毀不滅性。祖塋不利，水」陸程遥，以當年十二月十三日，泣血護喪袝窆于長洲縣武丘」鄉大来里，壬首窀穸，逾月而葬，禮也。恐年代綿遠，坵谷遷頹，漢樞」宿受契憐，奉命直筆，標于歲時，紀斯終始，鐫在瑞珉，旌乎不朽。」銘曰：」

其一，德藴嘉猷，名推令望。濟濟儒風，滔滔海量。」禮自情田，福全心相。敦行斯人，遽嬰兹恙。」

其二，颯颯松風，潺潺澗水。苦霧朝昏，愁煙夕起。」九原之坵，三讓之壘。千古万秋，佳原蒿里。」

立契用錢叁阡文，買長洲縣武丘鄉宋瓊墩脚地壹段，东西」南北封方内各捌大步。」

[按語]

私人藏誌。拓片高 41.5、寬 43 厘米，四周綫刻纏枝紋。

誌文正書，共 26 行，滿行 25 字。誌主名諱“脩”字闕末筆。

[著録]

仇鹿鳴、夏婧輯校：《五代十國墓誌彙編》第 587—588 頁。

---

[1] 啓于手足，當作“啓手足于”。

吳越國故節度討擊副使銀青光祿大夫檢校太子賓客兼
侍御史會稽郡虞府君墓誌銘　下邳□漢樞述
府君諱脩字表安世祖貫東都餘姚縣職係　皇城頒受
宣旨充中吳府迴圖院副二居手官姪首涉二十餘載曾祖愷志
在溪山用天道而分地利祖冠職係鄞江衙前總管皇考璋翊戴
名高股肱　帝闕迭受遷界贈兵部尚書西班左監門衛將軍衽
君則璋之孟子也風儀奕邁器宇冲和瑞王絕瑕寒松著韻蘊其
行行無二過慎其言言有三思擇善而天与明五信嘉譽播衆孪
之口端莊顯朝列之先孝惟侍親忠推奉　國自駐吳塋累易
星辰常施舉善之懷每蘊掩瑕之德未盡其美禍訃忽侵遺疾一
年沉綿四大奉醫併至晉醫難駐祝佛啓神略無應効維寶正五
年□次庚寅十一月廿一日啓于手足吳縣吳門鄉私第春秋五
□東海徐氏結髮至終和鳴賢眭育二男長知遜娶吳興
新婦次滿兒二女長官娘適顏八陳氏次劉師方及笄釵
府君孟仲十人或受職本州或榮居　朝省或嗣業處私不倫載
錄知遜等絕漿旬夕號殯晨昏禮制有規毀不滅性祖塋不剩水
隆程遙以當年十二月十三日泣血護　襄祔窆于長洲縣武丘
鄉大來里壬首宅穴逾月而葬禮也恐年代綿遠陵谷遷頹漢樞
宿受契憐奉命直筆標于歲時紀斯終始鐫在瑞瑉旌乎不朽
銘曰
其一　德蘊嘉猷　名推令望　濟々儒風　淊々海量
禮自情田　福全心相　敦行斯人　遷嬰茲恙
其二　颷々松風　潺々澗水　若霧朝昏　愁煙夕起
九原之圻　三讓之壘　千古万秋　佳原萬里
立契用錢叁阡文買長洲縣武丘鄉宋瓚墩脚地壹段東西
南北封方內各捌大步

〇三一　王詢墓誌銘 五代後晋天福七年（942）九月二十八日

［誌文］

大吴越國浙江東道明州慈溪縣招義鄉瑯琊王府君墓銘并序」

明州衙推周含章撰」

府君十七郎諱詢，享年七十有六，迭代承基，兹郡人也。皇祖諱」平，皇父諱周，並以忠孝相傳，慶覃後嗣。府君德備五常，性離三惑，」事謙和以爲節，用禮義以爲柄，故宗黨之所敦致，鄉閭之所仰若此」者，咸稱而不可得也。公雁行五人焉：兄寮，早歲知招義隘務，忠」讜莫继，孝義難倫。弟瓌，不幸與舅俱歿于九泉矣。弟珹，弟瑨，處」衆謙和，莅事明敏，早年歷職縣局，近歲退索丘園。姪崇福，爲本郡」省勾院驅使官，藝必蹤〔縱〕横，言分疑惧，用冰淵而勵己，出清白以馳名。」公娶余氏，夫人結髮情重，舉案齊賢。有子三人，智解相繼。一曰崇禮，」少扃孫户，長趨鯉庭，禮樂詩書，深肩往彦耳。而自早歲辭親提筆，」歷職天司，捨千里之家林，事三朝之君主。迩則又承」睿澤，擢爲吴越都府鹽鐵勾覆官，握諸都之銅鹽，勾群曹之稽滯。二」曰崇信，禀剛柔之二性，得表裏之全仁。主户主家，俾公私之不曠；守耕守」織，庶租賦之無遺。三曰崇逸，幼學披書，弱冠從職，主本郡兵粮曹案，」則更謙廉尅己，甘旨懷親，儉約馳猷，又難偕也。有女四人，咸適于美彦矣。」公在日，逍遥日月，嘯傲烟霞，曾無疚懷，酌然遂性。則以今載夏五月，偶嬰」微疹，不意沉痾，雖藥石至臻，求祈益廣，豈謂晋侯之疾，已處膏肓，扁」鵲之醫，難延性命。公以今年秋七月十二日啓手足于私第，罔不妻男」荼毒，親族煩冤，設十地之齋飡，動四時之鍾磬。嗟乎！来同電影，去若」隙駒，窀穸既有良期，靈轜固須卜宅。公以今月廿八日安厝于招義」鄉施墺保求賢里。是日烏塊攢集，馬鬣堅巍，萬載佳城，與山」川而共秀；千年門世，將榆桂以相高。士也不才，辱彼高命，乃」爲讚曰：」

浩浩塵籠，今古攸同。一氣潛去，萬識歸空。」迢迢冥路，曾無荐顧。鬱鬱松筠，閉兹壟墓。」坐彼山門，禎祥莫論。千秋万古，益子利孫。」

維天福七年歲次壬寅九月壬午朔廿八日己酉。」

［按語］

浙江嵊州市文物保護中心藏誌。拓片高35.5、寬51厘米。

誌文正書，共28行。誌主及其祖、父、兄、弟之名諱“詢”“平”“周”“寮”“瓌”闕末筆。

[illegible]

〇三二　**習府君地券**　五代南唐保大九年（951）正月二十日

［券文］

維唐保大九年歲次辛亥正月癸亥朔二十日壬午，吉州新淦縣」玉笥鄉高源里童蒙村大塘保歿故習府君行年七十七歲，暫向」後園看花，忽遇仙人賜酒，因醉迷而不返。尅日安厝，用今吉晨。故」亡人在生之日，歸依三寶，常敬僧道，上無怨，下無惡。謹備銀錢万万九千」九百九十九貫九文九分九厘，於六神四將、張堅固、武夷王、魂門鑒司、山川」百靈、五道遊神、溝瀆江湖、土公邊買得當鄉里姚田保土名婁源壬向」地一墳。東止甲乙青龍，南止丙丁朱雀，西止庚辛白虎，北止壬癸玄武，上止皇」天，下止黃泉，已上六止，各取神爲界。其錢及地當日各相交付訖，更無懸欠，」然後立券。故亡人生於土，死於土，千年万歲合歸土，諸神不得錯爲。主〔人〕所」有行裝衣物，塚中將軍、十二時神不得妄相争占。誰爲書？是水中魚。誰」爲讀？是高山鹿。魚何在？入深淵。鹿何在？上高山。如有此色，當日直」符送太上老君斬。急急如律令。」

情樂賣地人張堅固。」

情樂用錢買地人習府君。」

保人今日直符李定度。」

見人東王公、西王母。」

［按語］

浙江紹興市會稽金石博物館藏石。券石高、寬均49、厚3.6厘米，上邊、左邊刻花卉紋。券文正書，共16行。

維唐保大九年歲次辛亥正月癸亥朔二十日壬午吉州新淦縣
玉笥鄉高源里董家村大塘保殁故　習府君行年七十[illegible]歲暫向
後園看花忽遇仙人賜酒因醉迷而不返剋日安厝用今吉辰故
亡人在生之日歸依　三寶常敬僧道上無惡下無惡謹備銀錢万万九千
九百九十九貫九文九分九厘於六神四將張堅固武吏王墓門丞墓司山川
百靈五道土神滿賞[illegible]湖土公邊買得當鄉里姚田保土名妻源壬向
地一墳東止甲乙青龍南止丙丁朱雀西止庚辛白虎北止壬癸玄武上止皇
天下止黃泉己上六止各取神為界其錢及地當日各相交付訖更無懸欠
然後立券故　亡人生於土死於土千年万歲合歸土諸神不得錯認主所
有行葬衣物塚中將軍十二時神不得妄相爭占誰為書是水中魚誰
為讀是高山鹿魚何在入深淵鹿何在上高山如有共爭當有直
符送　太上老君敕急急如律令
情樂賣地人張堅固
情樂用錢買地人習府君
保人今日直符李定度
見人東王公西王母

〇三三　張車妻丁氏墓誌銘 五代後周廣順二年（952）五月

［誌文］

吴越故濟陰郡丁氏夫人墓誌銘并序」

將仕郎試秘書省校書郎伍光遜撰」

夫人其先齊丁公之後，子孫因氏焉。洎乎晋魏，枝蔓南」遷，遂爲會稽之贍人也。曾祖諱信，祖諱罕，父諱闓，或列職」軍銜，或韜光鄉里，悉以載于家諜，今皆略而不書。夫□□闓之」長女也，柔淑早彰，貞勤罕繼。既笄而字，遂適于清□□」張君諱車。少在轅門，累遷戎職，不幸早辭明代，□□□」圖。夫人志□三從，名光六族，蘭當風而□馥，松在雪而□」堅。有子一人，曰榮，髫年孤惸，從母訓誡，迨乎成立，西上」朝□，遂掌國朝迴圖，累在餘姚轉運。以上供有羡，甄」奬酬勞，遂轉殿直都副將、銀青光禄大夫、檢校太子賓客、兼」監□御史、上柱國。而孝行著聞，交朋敬慕。早歲遂自□庭」迎侍歸於姚州，甘滑無違，晨昏不闕。榮養雖期於遐壽，□□」孰保於風燈，而夫人忽遘纖痾，俄歸厚夜，以壬子廣順二年四」月十二日終于私第，享年七十有四。以其年五月廿□日，卜」葬于雲樓鄉臧墅湖山之原，禮也。女一人，早適贍□□□録」事陳氏之門。嗚呼！夫人蘊擇鄰之□範，有断織之賢□，白」日俄辭，清風永扇。時令子銜哀，請予□誌，因刊翠琰，式」□於壙。□曰：」

□□遐源，□□□裔。淑德弥彰，芳猷罕□。」□日俄辭，玄宫永閇。易謝西馳，難迴東逝。」□□貞珉，光于□世。」

［按語］

上海嘉定區明止堂中國字磚館藏誌。誌磚質，拓片高33、寬35厘米。

誌文正書，共22行，有界欄。

［著録］

仇鹿鳴、夏婧輯校：《五代十國墓誌彙編》第601頁。

〇三四　丘府君地券　五代南唐保大十二年（954）十月八日

[券文]

維大唐国江南西道都省新淦縣太平鄉流」須里帯源保，歲次甲寅十月壬寅朔八日己酉，」没故亡人丘附〔府〕君行年六十八歲。伏以生来死」去，本自難留，世人輪迴，何曾得久。遂遣孤魂」一別，終無再覩之期。亡者在生之日，亦無冤」家債主，亦無拘留男女，不固六親眷属，十二」時神並當放出。今用銀錢九千九伯九十貫」九厘九毫，於東王公、西王母、蒿裏父老邊置」得土名貞塘大利庚向地一墳，將充亡人万」年山宅。其地先是開曆元年置得，此地契勸〔券〕」分明，立在櫬中，定定不移。自取得白鶴尋山，」青〔烏〕定地，左則青龍而動足，右則白虎而雄雄，」前有朱雀而扇翼，後有玄武而磊落。此足可」安墳，万年山宅，利益子孫，進入牛馬奴婢，六」畜猖〔昌〕盛。如今造得，地下冥炁、栢人十二属及」伶官、伏聽、青龍、白虎、朱雀、玄武等神於冥下」驅使，請蒿裏神勾當，並須了事。如有冥炁，即」云道；若無，則只道栢人。見人張堅固，保人李」定度。誰爲書？水中魚。誰爲讀？山中鹿。鹿何在？」上高岡。魚何在？入深泉。自從收買此地已後，」契文分明，側或有巃神惡鬼，不得争奪。如有」此色，付太上老君墨敕寸斬。急急如律令。」

[按語]

浙江紹興市會稽金石博物館藏券。券石高、寬均 31.5、厚 4.3 厘米。

券文正書，共 22 行，滿行 17 或 18 字。

維大唐國江南西道都省新淦縣太平鄉派
湖里帶源保歲次甲寅十月壬寅朔八日己酉
沒故亡人丘府君行年六十八歲伏以生來死
去本自難留世人輪迴何曾得免遂遣孤魂
一別終無再覩之期三者在生之日亦無寬
家債主亦無拘留男女不園六親眷屬十二
時神並當放出今用銀錢九千九伯九十九貫
九重九毫於東王公西王母萬歲父老邊買
得土名貞塘大剎庭向地一墳將充亡人一所
年山宅其地先是開磨元年置得此地契勸
分明立在攦中定定不移白敢得白鶴尋山
青定地左則青龍而動是右則白虎而椎椎
前有朱雀而扇翼後有玄武而磊落此足可
安憤万年山宅剎益子孫進入牛馬奴婢六
畜猪處如今造得地下冥冥栢人十二屬及
伯官伏聽青龍白虎朱雀玄武等神於冥冥下
並使請萬里神勾當並須了事如有冥冥思
云道若無明只道指人見人張坚固保人李
定度誰為書水中魚誰為讀山中鹿鹿何在
上高山魚何在入深泉白徙收買此地己後
恐妄之明側或有魔神惡鬼不得爭奪如有
此色付太上老君墨勅斬之急急如律令

〇三五　錢義光墓誌銘　五代後周顯德二年（955）

［誌文］

吴越國故上軍討擊使充中吴軍随使當直廂虞候銀青光禄大夫检校國子」祭酒兼御史中丞上柱國彭城錢府君墓誌銘并序」

中吴軍節度推官朝散郎检校尚書水部郎中賜紫金魚袋黄楷撰」

府君諱義光，字普一，吴郡人也。祖諱銶，皇任衙内諸都都指揮使、前睦州刺史、」贈特進、检校太尉；祖母勃海郡君凌氏。父諱璉，皇任天龍軍鎮國右五都指揮」使、兼皇城都巡检使、检校司徒；母馮翊郡方氏，即故前衢州刺史方太尉女也。」伯父諱仁瑗，皇任天龍軍鎮國都指揮使、東都安撫副使、检校太保。府君乃皇」城司徒第三子也。兄弟五人：長兄義超，湖州随使押衙，婚蘭溪鎮使徐司徒之」女，早亡；次兄義隆，上軍討擊使、充殿直都廂虞候、兼御史中丞，早亡，婚天龍軍」鎮國都指揮使張太傅之女；弟義忠，上軍衙前虞候、充殿直都隊將、兼監察御」史，見知台州白嶠場務，婚馬軍統軍使甄大〔太〕尉女；次弟義保，係拱御都隊將，婚」上街金吾使袁司徒之女。府君有姊妹四人：一人適客省禮賓使、检校司空蔣」延勳，即中尉、前睦州刺史蔣太尉之子也，不幸早亡；一人適清河張師道司空，即」錢城鎮遏張太保子也；一人適彭城金仁皓司空，見充中吴軍随使當直都虞候，」即理勝都指揮使、崑山鎮遏金司徒子也；一人適馮翊方承浩，即前衢州方太尉」孫也。姪女一人，乃長兄之女，適吴郡朱思義，即中吴随使朱司空子也。」

府君莫不温柔表德，端雅資身，叶多士之欽崇，作間時之英特。而况家傳岳牧，代」襲皇宗。向國推誠，惟忠惟直；於家立行，以孝以慈。内外親知，盡仰諧和之道；往」来賓侶，咸忻延納之心。而以職歷雄藩，恩覃鳳闕，素緣資蔭，靡墜門風。爰自」□吴軍随使當直廂虞候賜褐，尋授上軍討擊使、銀青光禄大夫、检校國子祭酒」□御史中丞、上柱國。所謂更顯榮名，别居重用，繼德門之貴盛，爲昭代之楷模。」豈啚忽搆微痾，便歸大夜，何神祇之不祐，何藥餌之無徵。遽捨浮華，俄隔今古。滿」堂哀孝，徒扣地以號天；舉世知聞，但填膺而墮睫。府君初婚天龍軍鎮國諸都」都指揮使盛太尉第二女，不幸早亡，續娶盛氏第三女。有男六人：長曰繼榮，幼居」訓勗，方漸長成，學禮學詩，未仕未禄。次男五人，并女二人，各是年幼。府君於大」晋〔周〕顯德二□□□□日，啓手足終于蘇州吴縣利娃鄉安仁里之私第，享年三十」有九。以其年其月二十四日，葬于蘇州吴縣祥鶴鄉安平里之原，禮也。銘曰：」

簪纓継代，孝悌承家。貞金有韻，美玉無瑕。」端雅居先，温和表德。爲衆楷模，間時英特。」鬪蟻興灾，疑虵結病。冥寞俄歸，短長斯定。」寂□□□，悠悠蒿里。嗚呼哀哉，千年万祀。」

［按語］

浙江紹興市會稽金石博物館藏誌。誌石四周綫刻纏枝紋，四側面綫刻花卉紋，高、寬均51、厚7.5厘米。

誌文正書，共31行，滿行31字。名諱“光”“錸”“璉”“隆”缺末筆。

［著録］

錢汝平：《新見吴越國宗室錢義光墓誌考釋》，《台州學院學報》2018年第4期，第84—88頁；《吴越國宗室錢義光墓誌考釋》，《杭州學刊》2018年第4期，第206—211頁。厲祖浩：《新見吴越墓誌四種簡釋》，杭州市臨安區政協文史和教文衛體委員會、杭州市臨安區錢鏐研究會：《吴越國史迹遺存發現與研究學術研討會論文集》，現代出版社，2019年，第73—81頁。仇鹿鳴、夏婧輯校：《五代十國墓誌彙編》第606—607頁。

吴越國故上軍討擊使充中吴軍隨使當直廂虞候銀青光禄大夫檢校國子
祭酒兼御史中丞上柱國彭城錢府君墓誌銘并序
中吴軍節度推官朝散郎檢校尚書水部郎中賜紫金魚袋黄 楷 撰
府君諱義光字普一吴郡人也 祖諱鉥皇任衙内諸都都指揮使前睦州刺史
贈特進檢校太尉祖母勃海郡君凌氏 父諱璋皇任天龍軍鎮國右五都指揮
使兼皇城都巡檢使檢校司徒 母馮翊郡方氏即故前衢州刺史方太尉女也
伯父諱仁瑗皇任天龍軍鎮國都指揮使東都安撫副使檢校太保 府君乃皇之
城司徒第三子也兄弟五人 長兄義超湖州隨使押衙管蘭溪鎮使徐司徒之
女早亡 次兄義降上軍討擊使充殿直都廂虞候兼御史中丞早亡 管天龍軍
鎮國都指揮使張太傅之女 弟義忠上軍衙前虞候充殿直都隊將兼監察御
史見知台州白嶠場務管馬軍統軍使甄大尉女 次弟義保係押衙都隊將管
上街金吾使袁司徒之女 府君有姊妹四人一人適客省禮賓使檢校司空稱
延勳即中尉前睦州刺史蔣太尉之子也不幸早亡一人適清河張師道司空即
錢城鎮遏張太保子也一人適彭城金仁皓司空見充中吴軍隨使當直都虞候
即理勝都指揮使崑山鎮遏金司徒子也一人適馮翊方承浩即前衢州方太尉
孫也姪女一人乃長兄之女適吴郡朱思義即中吴隨使朱司空子也
府君莫不温柔表德端雅資身叶多士之欽崇作間時之英特而况家傳岳牧代
襲皇宗向國惟誠惟忠惟直於家立行以孝以慈内外親知盡仰諧和之道往
來賓侶咸忻近納之心而以職歷 惟藩恩覃鳳闕素緣資蔭寵墜門風奚自
吴軍隨使當直廂虞候賜褐孚授上軍討擊使銀青光禄大夫檢校國子祭酒
[illegible]史中丞上柱國所謂更顯榮名別居重用繼德門之貴盛為 昭代之楷模
豈謂忽構微痾便歸大夜何神祇之不祐何藥餌之無徵遽捨浮華俄隔今古嗟
堂表孝往扣地以號天舉世知聞但填膺而望睫 府君初管天龍軍鎮國諸都
都指揮使盛太尉第二女不幸早亡續娶盛氏第三女有男六人長曰繼榮幼君
[illegible]方漸長成學禮學詩未壯未禄次男五人并女二人各是年幼 府君於大
[illegible]于蘇州吴縣利娃鄉安仁里之私第享年三十
有九以其年其月二十四日葬于蘇州吴縣祥鶴鄉安平里之原禮也 銘曰
簪纓繼代 孝悌承家 貞金有韻 美玉無瑕
佛雅居先 温和表德 為衆楷模 間時英特
鬪蟻興灾 疑蛇結病 冥寞儀形 短長斯定
府[illegible] 悠悠萬里 嗚呼哀哉 千年万祀

吴越國故上軍討擊使充中吴軍随使當直廂虞候銀青光禄大夫檢校國子
祭酒兼御史中丞上柱國彭城錢府君墓誌銘并序
中吴軍節度推官朝散郎檢校尚書水部郎中賜紫金魚袋黄 楷 撰
府君諱義光，字普一，吴郡人也。祖諱銶，皇任衙内諸都都指揮使、前睦州刺史，
贈特進、檢校太尉。祖母勃海郡君凌氏。父諱琸，皇任天龍軍鎮國右五都指揮
使兼皇城都巡檢使、檢校司徒。母馮翊郡方氏，即故前衢州刺史方太尉女也。
伯父諱仁瑗，皇任天龍軍鎮國都指揮使、東都安撫副使、檢校太保。府君乃皇
城司徒第三子也。兄弟五人：長兄義超，湖州随使押衙，娶蘭溪鎮使徐司徒之
女，早亡。次兄義降，上軍討擊使、充殿直都廂虞候兼御史中丞，早亡，娶天龍軍
鎮國都指揮使張太傅之女。弟義忠，上軍衙前虞候、充殿直都隊將兼監察御
史，見知台州白嶠場務，娶馬軍統軍使甄大尉女。次弟義保，係拱御都隊將，娶
上街金吾使袁司徒之女。府君有姊妹四人：一人適客省禮賓使、檢校司空孫
延勲，即中尉前睦州刺史蔣太尉之子也，不幸早亡；一人適清河張師道司空，即
錢城鎮遏張太保子也；一人適彭城金仁皓司空，見充中吴軍随使當直都虞候，
即理勝都指揮使、崑山鎮遏金司徒子也；一人適馮翊方承浩，即前衢州方太尉
孫也。姪女一人，乃長兄之女，適吴郡朱思義，即中吴随使朱司空子也。
府君莫不温柔表德，端雅資身，叶多士之欽崇，作閭時之英特。而况家傳岳牧，代
襲皇宗，向國推誠，惟忠惟直，於家立行，以孝以慈。内外親知，盡依諧和之道；往
來賓侶，咸忻延納之心。而以職歷維藩，恩覃鳳闕，素緣資蔭，雍燮門風。奚自
吴軍随使當直廂虞候，賜穆孚授上軍討擊使、銀青光禄大夫、檢校國子祭酒、
御史中丞、上柱國，所謂更顯榮名，列居重用，継德門之貴盛，為昭代之楷模。
豈啚忽肆散府，吏歸大夜，何神祇之不祐，何藥餌之無徵，處遊浮華，俄隱今古。

○三六 曾延福墓誌銘 宋建隆三年（962）十二月十二日

［誌文］

唐故永慶宫造船務官魯國曾君墓誌銘并序」

將仕郎試太常寺奉禮郎掌池州表奏黄曙撰」

君諱延福，字德壽，其先魯國人也。昔我顯祖學于孔門，孝既冠於諸生，慶累」及於後裔。春秋之末，世難何極，南遷新淦，因而家焉，今即爲新淦人也。」高祖築，祖璞，考延福，皆吟詠情性，高尚其事。君禀純粹之氣，生丘樊之」間，宗族稱其廉，朋友伏其信。爰自壯歲，即遂委質。厥後屬朝廷量能授職，無」有遺者，以君明漕運之要，熟舟檝之利，俾就邑里鳩工掄材，督而成之，浮江」而下，濟國之用，鮮出於兹。由是繼被天光，蔚有令望。日來月往，逾二十年，」公家之財秋毫無犯。宜登上壽，以符漸稱。無何節宣偶失，疾疢遄嬰，有加無」瘳，溘先朝露。以建隆二年己〔辛〕酉冬十一月五日終于京師之旅舍，享年七」十，即明年十二月十二日丙申，歸葬于新淦縣安國鄉西歸里章塘源，禮也。嗚」呼哀哉！惟君持檢約而檢己，用義方而訓子。尤重佛教，多濟人貧，襟懷」坦然，言語至寡。方及縱心之歲，遽有涉洹之夢，命也至此，傷如之何！」

夫人周氏，舉案齊眉，懿德是積。有子五人：長曰令懷，歷職儲宫，久同王事；仲曰」令成，早奉公衙，夙標勤幹；次有文慶、文徹，俱禀義風，素聞鄉里；庶曰文紹[1]。唯」文照克奉嚴訓，獨藴英才，幼以童子登第，作尉東流，强記之稱，見之於」朝達，能官之譽，聞自於鄉人。女二人，皆九十其儀，正位乎内。噫！曙之母氏，乃」君從妹，何爲别之未久，而胥命之不再。志雖異於思鄉，魂亦反於遊」岱；顧樂石而已礪，非斯文而莫載。銘曰：」

顯顯望族，誰其與方。君之幼也，降之百祥。」君之長也，于何不臧。束髮有自，立事孔彰。如之何中規矩而不易立事，」如之何成舟檝以無極，國用既濟，綸言是錫。期脩齡而未」登，抱美疢而已亟。昔我來思，乘馬遲遲；今我往矣，族柀〔柳〕依依。遥天暮」兮白水開，北風生兮寒雨飛。舊路經兮事難問，故鄉至兮歲已移。」薤露暘兮調音□，玄室成兮丘壠卑。嗟會葬之不及，故爲文以誌之。」

孫子用遷書。」

［按語］

浙江紹興市會稽金石博物館藏誌。誌石高61、寬74、厚7厘米。

誌文正書，共26行，有界欄。

---

［1］文紹，與下文“文照”應指同一人，當有一誤。

○三七　楊符墓誌銘　宋乾德六年（968）十月十一日

［誌文］

唐故弘農楊録公府君墓誌銘并序

鄉貢進士陳儼然撰」

府君諱符，字懷節，其先弘農郡人。漢太尉關西孔子震之後，勳閥傳家，祖宗盖世，或才高白鳳，或恩極寅夜，」茂隋業則帝室隆，霸唐祚則相庭盛。以文以武，史不絶書，歷古歷今，世濟其美，故不一二而述也。曾祖諱　，祖諱述，考諱都，俱懷高」志，不事王侯。妣温氏。府君則其嗣子也。府君夙曉公方，早諳時務，得詩書之要旨，達禮樂之深筌。道冠徽猷，名聞鄉黨，一株」蜀柳，逈韞風流，千尺秦松，頗高操節，别飲冲和之氣，恒敦信義之懷。爰自壯年，時推令問。鄉里烈狀，衆舉從公，群寮盡仰於良」能，令長咸嘉其幹蠱。推賢舉善，扶持種柳之陶公；捨己從人，裨贊援琴之子賤。歷職而深聞盡瘁，勤公而洞涉歲華。果著」懋功，克承優奬，作六曹之糾察，統百里之準繩。大識廉隅，廣揚佳譽，迩後先明進退，預曉枯榮，遂慕退藏，閑居養素。丁」年就列，初心免負於平生；皓首歸休，暮齒獲全於峻節。深叶聖人之戒，逈宣高士之規。繇是月榭風亭，散誕而高歌大唱；良」辰美景，優游而舉白飛觴。又悟真空，深崇釋氏，静轉貝多之經，閑邀天竺之流。頂戴紗巾，性逸豈殊於郭泰；身披鶴」氅，情閑堪比於王恭。既知止足之歡，足契達生之論。一旦遘疾，二竪相煎，祖洲之靈草難尋，太一之神方不驗。翻作奠楹之夢，」遽飛游岱之魂。於乾德六年戊辰歲五月二十有七日，壽終于新淦縣集賢坊之私第，享年七十有六。兒女哀慕，」子孫悲啼，聲慟里閭，色慘雲霧。以其年十月十一日辛酉，葬于安國鄉西亭里上带原，礼也。其地前瞻把馬，」正案二塘，水石幽奇，林巒掩映。形如鳳跱，青烏与白鶴同迁；勢若盤龍，一行共左宫俱合。頗叶元吉，推稱」窆墳者也。

府君始婚太原郭氏，夫人道契鸞凰，調諧琴瑟，齊眉舉案，不虧前哲之風；夫唱婦随，宛」得古人之道。不幸願違偕老，禍遘鼓盆，於保大十一年夫人先逝。府君顧夫妻義重，以婉娩情深，鰥寢數年，方」謀再媾。續婚汝南周氏，尋亦先殂。府君有子七人、女二人，皆郭氏夫人所生。男長曰幼謙，禀性淳和，爲人廉約，頗」敦令望，實克承家，婚清河張氏。次曰幼諒，鬱有父風，逈懷幹節，見参職列，亦著美稱，婚太原王氏。次曰幼訥，負謙」恭之性，韞謹愿之懷，雖尚居閑，終能秉志，婚太原郭氏。次曰幼詳，婚彭成劉氏，夫婦俱不幸早亡。次曰幼評，苦辛」好善，勤儉爲人，尚藏器以居身，亦見機而立事，婚清河張氏。次曰幼誼，柔和立志，敬謙端心，亦處公庭，深懷」慤原，婚穎川鍾氏。次曰幼謀，素承庭訓，早禀義方，深明孝悌之風，克順父兄之旨，婚吴興姚氏。女長曰」一娘，適于安定胡岑，世推盛族，累事琴堂，首冠群寮，實爲領袖。次曰二娘，適彭成劉遇，價同西書，位亞東軒，出」入門闌，俱白佳壻。府君男女孫一十九人，以長以幼，或丱或冠，各承慈訓之恩，盡有老

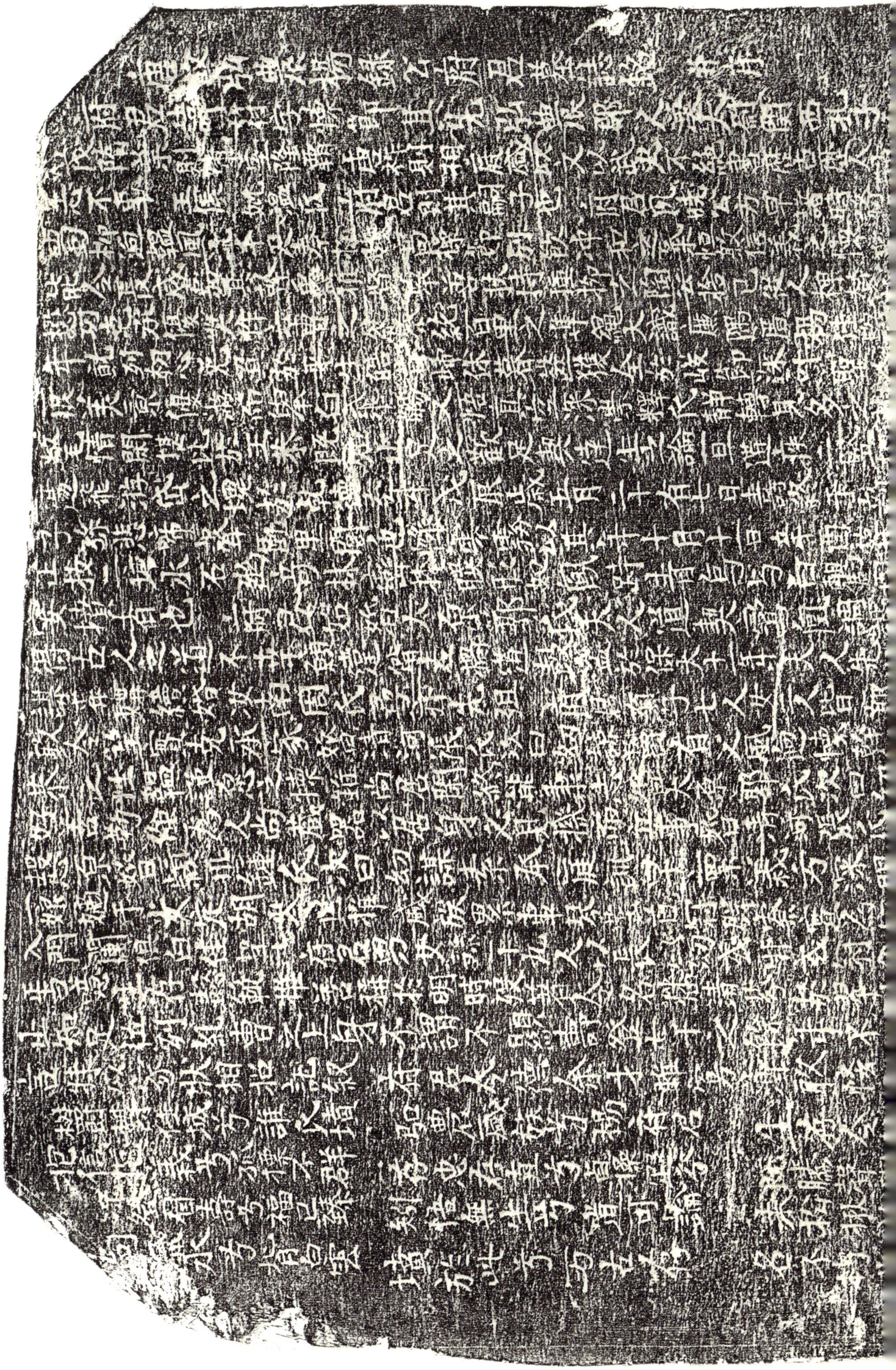

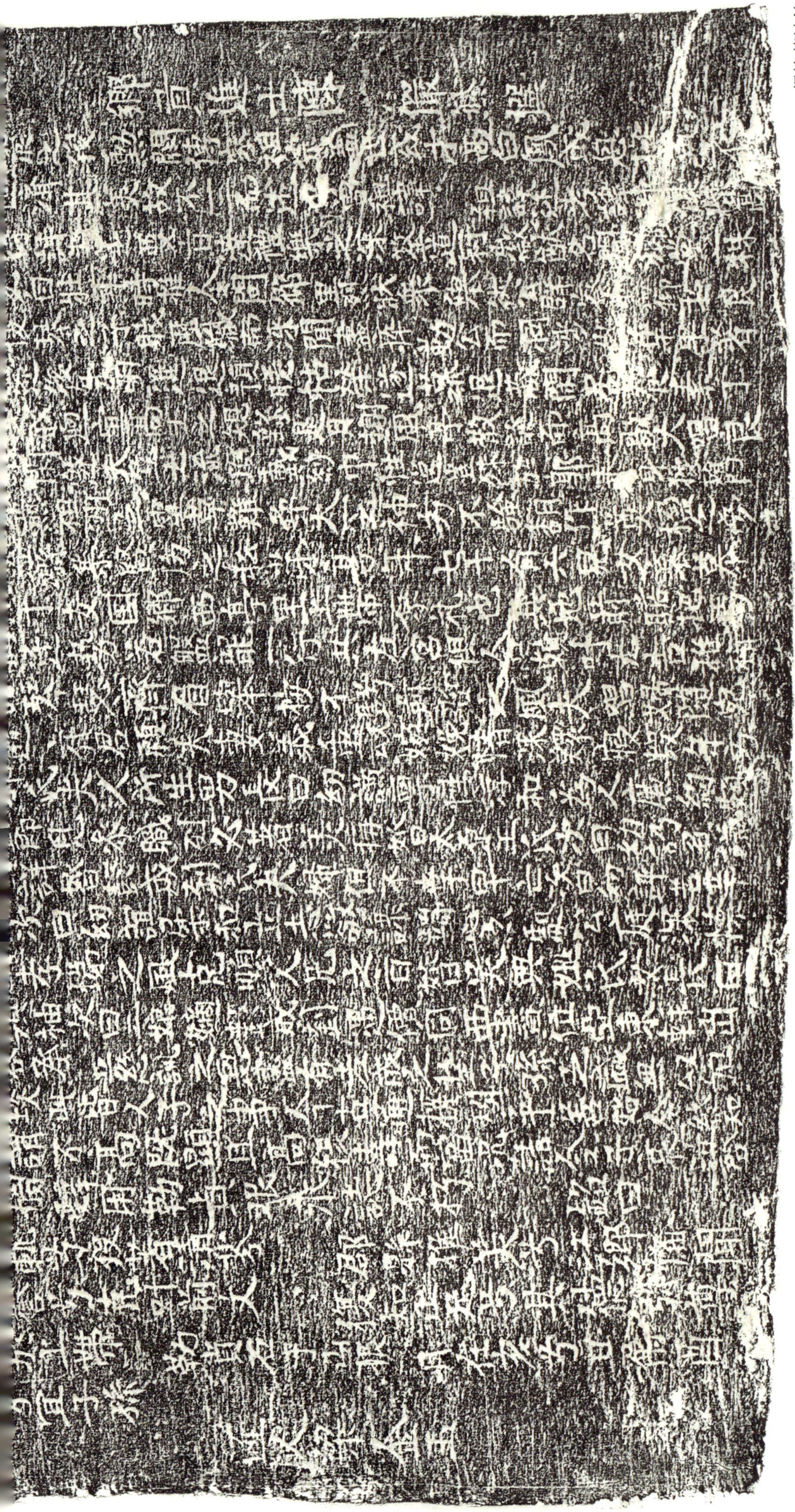

成之望，子孫之盛，無以疋」焉。噫！生存懿範，推善稱於明時；歿著令名，播清芬於翠琰。此皆人子之事，今古通稱。矧乎善始令終，知」止知足，位列糾曹之上，身不謂不顯，壽登七十之餘，年不謂不高。既顯且高，復壽而富。况諸令子哀泣啓」言，特以家狀相招，託叙府君令德。余才雖寡薄，敢悋摛辭，用勒貞珉，永誌不朽。銘曰：」

鬱鬱佳城兮誰氏墳，弘農盛族兮楊府君。生存令範兮歿著清芬，郡縣推美兮江鄉備聞。」抱信藴義兮孤標不群，存忠存直兮貞操遐分。既騰聲譽兮克叶前文，復知止足兮其德弥尊。」况登眉壽兮福已臻，矧悟無生兮道可論。耒松楸於上带，勒貞石于山根。月在亥兮日属酉，」向流水兮背白雲。墳於此兮万古存，名不朽兮宜子孫。」

匠人梁金玉。」

［按語］

浙江紹興市會稽金石博物館藏誌。誌石高 74、寬 63、厚 5 厘米。

誌文正書，共 30 行，單綫邊框。

〇三八　**楊符地券** 宋乾德六年（968）十月十一日

[券文]

維唐乾德六年太歲戊辰十月辛亥」朔十一日辛酉，都省新淦縣集賢坊東門外」保歿故亡人楊府君，行年七十六歲，生居」閻間，死安宅兆，宜利此日，礼葬安厝。今用」銀錢万万貫、五色綵信，就此皇天父邑」社主邊，買得安國鄉西亭里土名上葉山丁」向地一墳，与亡者万年山宅。東止甲乙，南止丙」丁，西止庚辛，北止壬癸。内方勾陳，外掌」爲界四域，丘丞墓伯，封断界畔，道路」將軍，齊整百里，千秋万歲，永無災禍。」若有輒干犯何〔呵〕禁，主者將軍收付河伯。其」銀錢等物先分付訖，主人近修榮〔營〕安厝已」後，永保元吉，子孫万代，亨利通貞。知見人」歲□主者，保見人今日直符，書契人功」曹，讀契人主簿，買地人楊府君。故炁」邪精，不得干慳，若有，永避万里。如違」此約，地券主使當其禍，主人内外吉。」急急如五帝青夫人律令。」

[按語]

2018年5月慈溪市博物館徵集。券石上、左、右三邊綫刻花蕾紋，下邊綫刻三蓮瓣紋，高42、寬46、厚2厘米。

券文正書，共18行，有界欄。

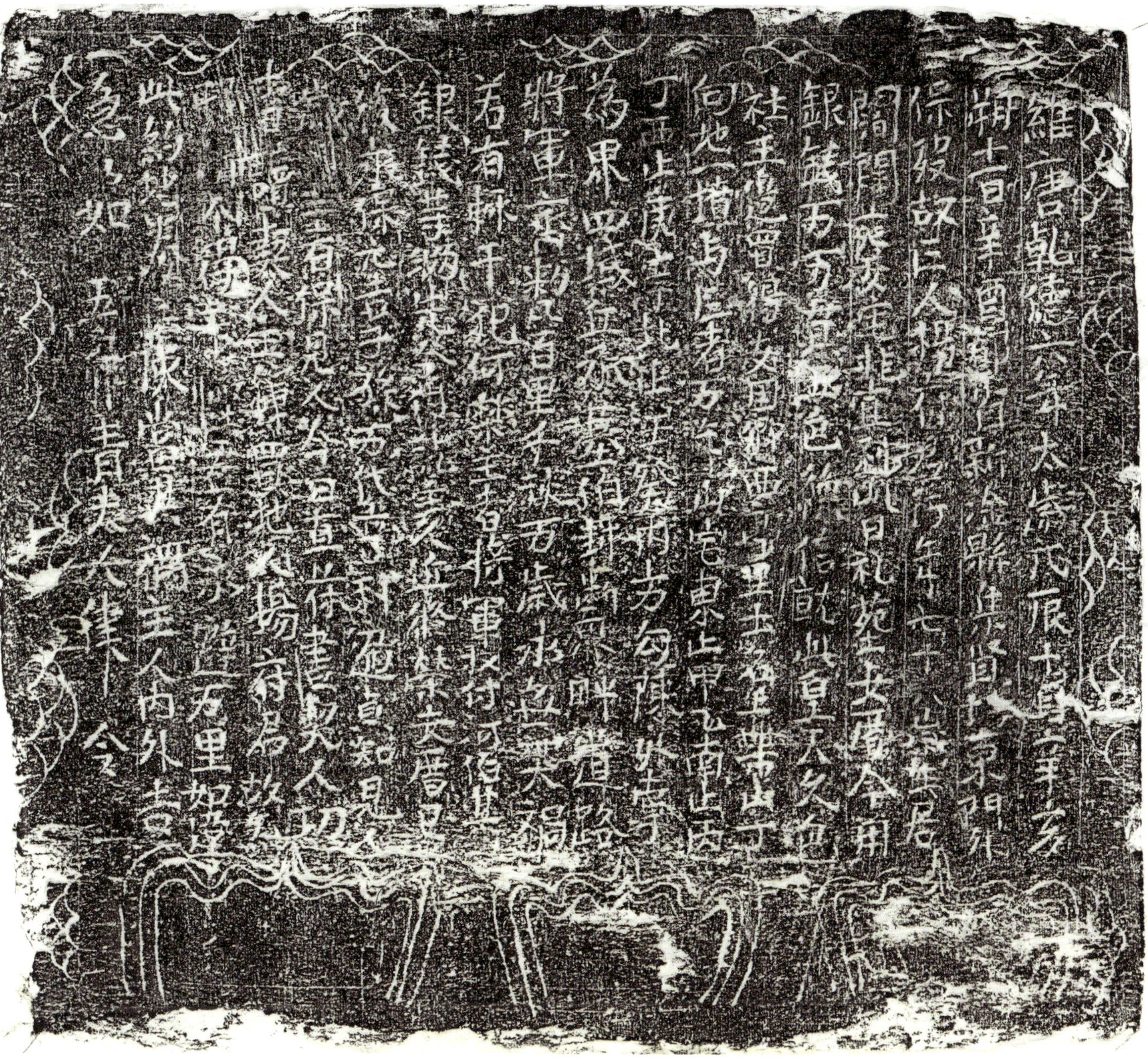

〇三九　范延禄母王氏墓誌銘 宋景德四年（1007）十月二十七日

［誌文］

故瑯琊王氏夫人墓銘并序」

序曰：夫人祖貫蘇臺，爲吴人也。父諱願，」皆傳令望，宗族豪門。夫人公之次女也。」幼從教練使高平郡范氏，有子二人：大」曰延禄，開張庫務；次入釋門，皆藴孝賢，」英風無比。有女一人，良偶汝南郡周氏」之門。夫人春秋五十有一，八月終于寢」室。維景德四年歲次丁未十月甲午朔二」十七日庚申，窆于長洲縣武丘鄉。用錢」五貫文足，於鄒勝邊卜地一段，東西南」北各九大步，封方界域焉。乃爲讚曰：」

孤墳青青，逝水泠泠。孟光婦道，冀缺妻貞。」天柱有頃，斯文永寧。不樹不盈，長鎮泉扃。」

［按語］

拓片高 40、寬 29 厘米。

誌文正書，共 13 行，滿行 15 或 16 字，雙綫邊框。

故瑯琊王氏夫人墓銘 幷序
序曰夫人祖貫蘇臺爲吴人也父諱顒
嘗傳令望宗族豪門夫人公之次女也
幼從教練使高平郡范氏有子二人大
曰延禄開張庫務次入釋門皆藴孝賢
英風無比有女一人良偶汝南郡周氏
之門夫人春秋五十有一八月終于寢
室維景德四年歲次丁未十月甲午朔二
十七日庚申窆于長洲縣武丘鄉用錢
五貫文足於鄧勝邊卜地一段東西南
北各九大步封方界域焉乃爲讃曰
孤墳青青 逝水泠泠 孟光婦道 冀缺妻貞
天柱有頽 斯文永寧 不樹不盈 長鎮泉扃

〇四〇　樓仙芝墓誌銘 宋嘉祐二年（1057）三月六日

［誌文］

宋故兄長府君墓誌銘并序」

府君諱仙芝，字伯祥，進士樓黨之兄也。世」爲明人，家于奉化。生一十三歲孤，失怙恃，」育於諸父。府君習性温醇，比壯，勤於治生，」愛養昆弟而樂妻子。凡與人接，謙而且和，」應答如響，未嘗以愠喜形乎顔色，鄉人咸」德之，舉以善人稱之，抑又樂人爲善。卒然」語黨曰："天下之善道，莫尚爲儒，汝當從學，」家事我其職之。"黨如其教，獨患道未臻極，」未能副府君之志。不幸一旦會府君得疾」而終，享年三十，丁酉嘉祐二年春二月二」十四日也。府君娶滕氏。有女二人，鈞幼。男」一人，曰孟醇，生未幾，先府君而卒。噫！府君」之善如此，獨毋嗣焉，尤可悲也夫。三月壬」午，葬于鄉之廣平管建城里楊秋嶴。弟黨」爲之銘曰：」

生爲善人，死名皎皎。嗚呼吾兄，孰謂之夭。」

［按語］

2021年11月慈溪市博物館徵集。誌石高39、寬46、厚5厘米，四周刻花卉紋。誌文正書，共17行，滿行16字。

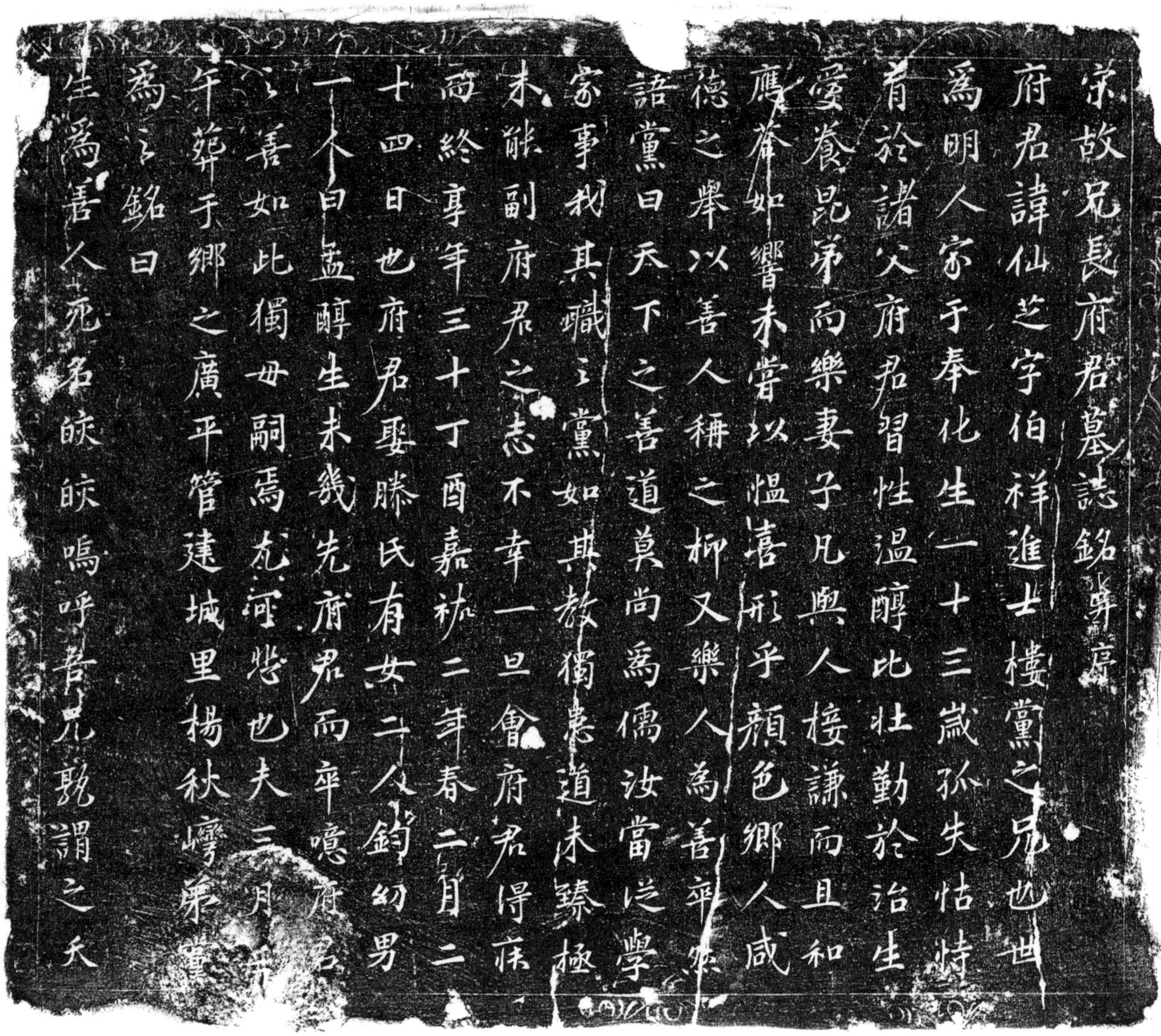

宋故兄長府君墓誌銘　弟黨序
府君諱仙芝，字伯祥，進士樓黨之兄也。世
爲明人，家于奉化。生一十三歲，孤失怙恃，
育於諸父。府君習性溫醇，比壯勤於治生，
愛養昆弟而樂妻子。凡與人接，謙而且和，
應荅如響，未嘗以愠喜形乎顏色，鄉人咸
德之，舉以善人稱之。柳又樂人爲善，卒然
語黨曰：天下之善道，莫尚爲儒，汝當從學，
家事我其職之。黨如其教，獨患道未臻極，
未能副府君之志。不幸一旦會府君得疾
而終，享年三十，丁酉嘉祐二年春二月二
十四日也。府君娶滕氏，有女二人，鈞幼男
一人曰孟醇，生未幾先府君而卒。噫，府君
之善如此，獨毋嗣焉，尤可悲也夫。三月丙
午葬于鄉之廣平管建城里楊秋嶴，弟黨
爲之銘曰：
生爲善人，々死名皎皎。嗚呼吾兄，孰謂之夭。

○四一　汪順及妻莊氏墓記 宋嘉祐五年（1060）八月二十八日

[誌文]

宋故汪君莊氏墓記」

孫洙撰　湜書」

父諱順，字應之，爲郡人，壽六十，卒於」康定元年。母莊氏，壽五十有九，卒於」慶曆二年。子三人，元吉、元奭、元輔。女」四人，長適姚祚，三人早世。其後一日，」元吉告其子弟曰："予以明之爲俗狃」於無教，其親死，則舉而委之於火，故」予父母皆不克葬，此予所以抱無涯」之恨也。及王公安石之爲鄞，其」民稍稍知送死之禮，予於是有感焉。」今母骨殖尚存，不可以無葬。"方其圖」之，不幸早卒，而不得盡其志。爲人子」人弟者，其可忽而忘之乎？以嘉祐五」年八月甲申，招先考魂，以母之骨殖」合葬于鄞縣清道鄉東安管沿江里。」夫招魂而葬，古雖無有，以其習俗所」尚，姑從之，以示事親之道也云爾。」

[按語]

私人藏誌。誌石高 33、寬 56 厘米。

誌文正書，共 18 行，滿行 14 字。

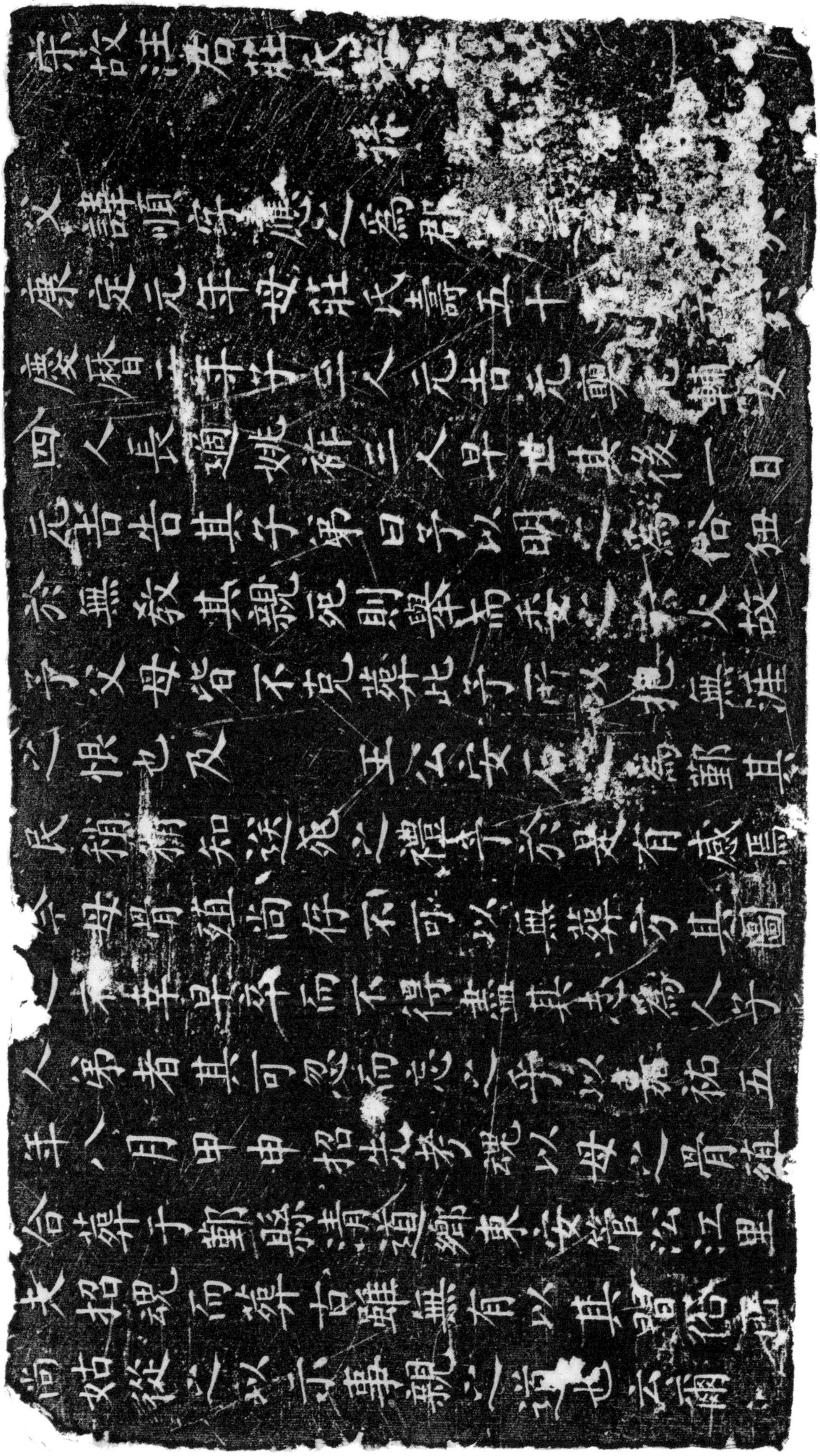

○四二　范期墓誌銘 宋熙寧五年（1072）十二月二十三日

［誌文］

宋故居士范君墓誌銘」

承務郎守太常博士監信州鉛山縣鹽酒稅務騎都尉賜緋魚袋鄒何撰」

范氏昔家京兆府萬年縣貴冑鄉衣錦里，唐末有爲」御史以言事謫官于閩，因而家焉。諱潭者生子著，著」生閩清令靖，蓋君之高祖也。閩清三子，仲曰季，季生」克明，克明生映，映弍子，長諱經，次諱期，次即君也。自」季而下，或遭罹世亂，或服勤田壟，故潛迹弗曜，晦悳」貽後。君雖不學，而天資明了，孝弟偭于族屬，信義服」于閭里。鄉人争訟，不之官府而闗决于君，曲直不憾。」族子之孤者，爲嫁取之，無擇親疏，皆如己生。仲父官」淮南，不遠數千里，挈子遷往託學焉，歲弌往省之，責」其業之進否。遷亦承其志，求師四方，事聱隅子貳紀」而後大成，登進士第。君享年七十有弌，當治平元年」八月丁亥，終于宣州南陵縣，蓋遷官守之地也。遷奉」喪還，以熙寧壬子歲十弌月丁酉，葬于建州建陽縣」好尾原故廬之右。

君取扶風馬氏。子男四：曰慎，曰逾，」曰遷，曰廣。女貳，適黄氏、曾氏。孫男十：曰括，曰接，曰據，」曰揮，曰授，曰拭，曰拊，曰援，曰持，曰抑。女五云。何從遷」之遊也久，而交也固，則銘吾丈人行也宜不得辭。矧」得吾友張粤南夫之狀，其德件〔侔〕焉。銘曰：」

如君不學，性有內充。鄉黨信服，閨庭肅雍。」教子有成，其後克融。良兆吉履，天固相之。」使推有餘，以覺後知。宜昌尔裔，昭我銘詩。」

昭武羽衣黄希旦書。」

承務郎、試秘書省校書郎、守建寧縣令夏啓源篆盖。」

魏先刻字。」

［按語］

私人藏誌。拓片高 50、寬 61 厘米。

誌文隸書，共 26 行，滿行 20 字，單綫邊框。

誌主及先世、父兄名諱“潭”“著”“季”“克明”“映”“經”“期”均闕末筆。

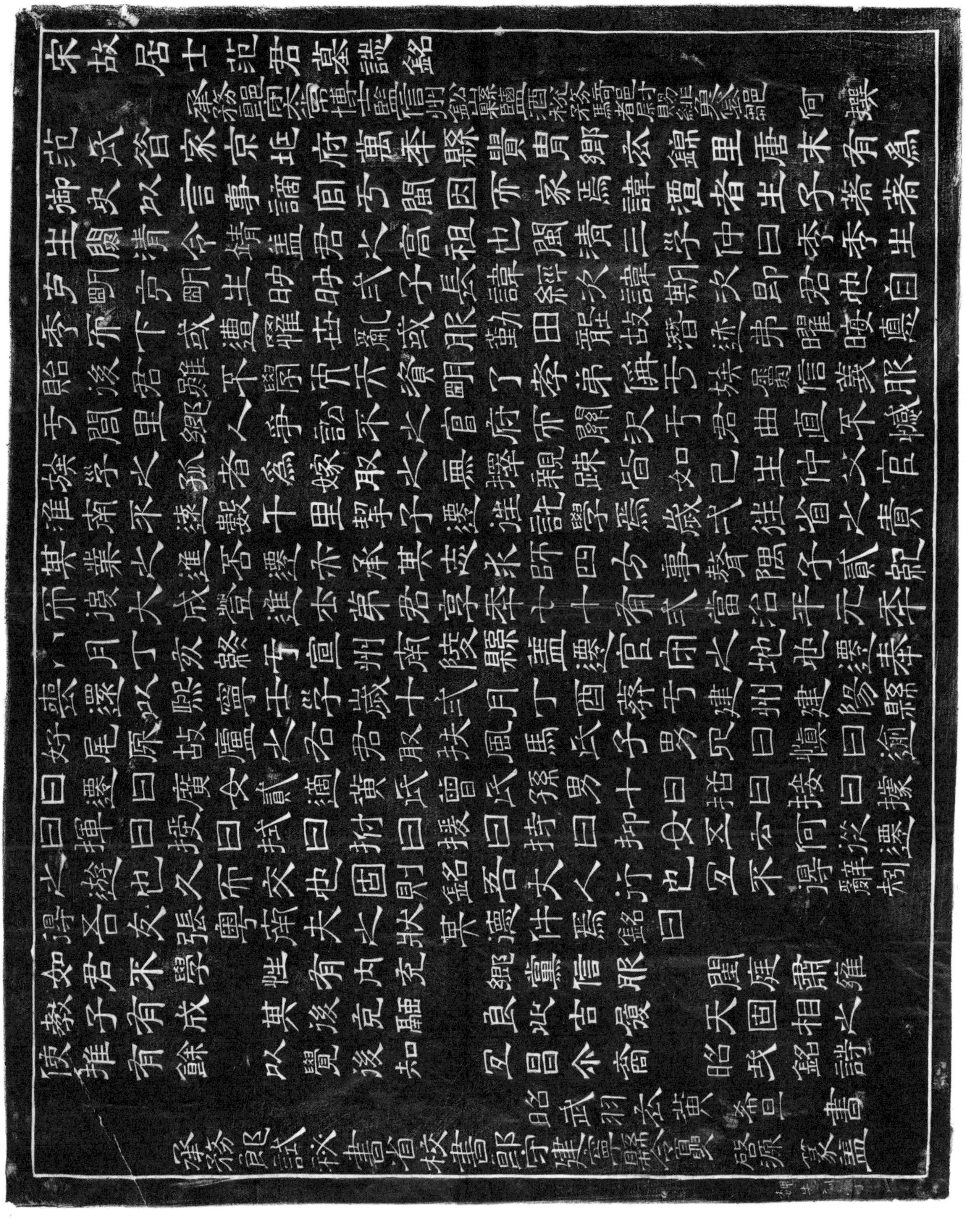
宋故居士范君墓誌銘

○四三　錢育墓誌銘 宋元祐四年（1089）十一月七日

［篆蓋］

宋越州」餘姚縣」錢府君」墓誌銘」

［誌文］

宋錢府君墓誌銘」

朝奉郎尚書刑部員外郎上騎都尉王桓撰」

東頭供奉官監越州餘姚縣酒税茶鹽趙士琞書」

朝散大夫知韶州軍州事兼管内勸農事柱國賜紫金魚袋李撫辰篆蓋」

府君吴越國王錢氏之裔也，諱育，字孝先。高祖元瑾，任湖州刺史，世爲霅」川人。曾祖仁本，避難於越之餘姚，遂家焉，祖旺，考實，逮府君四世，皆」不仕。府君歎曰："門無垂纓，寥寥百年，非以義方傳諸後，孰將自振？"於」是奮然敕諸子以學，至終夜不寢，則躬具食飲以佐佑之。士有聞於時而」與其子游者過門，必罄所有，爲之治饌具，非大醉極懽不自已。平居奉己」則毫髮不妄費，有竊笑者曰："儉則鷄口，侈則牛後。"府君聞之，不少變」也。憙觀諸史，尤嗜地里學，身未嘗出境，及對賓親語」朝廷憲度、邊鄙事機，與夫天下山川之勝，歷歷如在目前。事父母以適爲」先，有姊爲親所鍾愛，既寡而歸，分田授之，姊有常産而親慮釋然，其盡懽」也，豈徒温凊旨甘而已。内謹家法，常若不及，外賙人急，不待有餘。晚讀佛」書，日纔一卷，或勸益之，曰："苟行其言，何以多爲？"其知爲善之要類如此。

以」疾終于家，時元祐二年十一月三十日也，享年五十有八。娶吴氏。男四人：」曰廌，曰之才，曰麃，曰庶。女五人：長適四明方淇，次適同邑朱芑，次適山陰」吴航，次許嫁會稽陳窠，皆舉進士，一蚤卒。以四年十一月初七日，葬于明州」慈溪縣金川鄉太平湖之原。

余於府君之長子爲姻亞，使者不遠數」千里，狀其行来請畀之銘。余雖不敏，其何以辭。銘曰：」

五代失馭，鯨吞虎攘。吴越一方，獨壽而康。德在錢氏，」天乎弗忘。枝布葉衍，英豪代張。四世泯嘿，君胡不臧？」食浮於人，鬼得而傷。善無近名，闇然後章。餘慶不享，」其流則長。稽山鬱鬱，姚江湯湯。生也無愧，歸安其藏。」

臨潁陳奕刻。」

［按語］

私人藏誌。蓋石、誌石四周刻纏枝紋，均高 77、寬 85 厘米。

篆蓋 4 行，行 3 字；誌文正書，共 24 行，滿行 28 字。

蓋石右上角、誌石左上角各殘留半枚銅錢，對合後即成一枚。

宋越州
餘姚縣
錢府君
墓誌銘

宋錢府君墓誌銘
朝奉郎尚書刑部員外郎上騎都尉王桓撰
東頭供奉官監越州餘姚縣酒稅茶鹽趙士珵書
朝散大夫知韶州軍州事兼管內勸農事柱國賜紫金魚袋李撫辰篆蓋
府君吳越國王錢氏之裔也諱育字孝先高祖元瑾任湖州刺史世為雲
川人曾祖仁本避難於越之餘姚遂家焉祖旺考實逮　府君四世皆
不仕　府君歎曰門無垂纓寒寒百年非以義方傳諸後孰將自振於
是奮然教諸子以學至終夜不寢則躬具食飲以佐佑之士有聞於時而
與其子游者過門必罄所有為之治饌具非大醉極懽不自已平居奉己
則毫髮不妄費有竊笑者曰儉則雞口侈則牛後　府君聞之不少變
也憙觀諸史尤嗜地里學身未嘗出境及對賓親語
朝廷憲度邊鄙事機與夫天下山川之勝歷歷如在目前事父母以適為
先有姊為親所鍾愛既寡而歸分田授之姊有常產而親慮釋然其盡懽
也豈徒溫凊旨甘而已內謹家法常若不及外賙人急不待有餘晚讀佛
書日纔一卷或勸益之曰苟行其言何以多為其知為善之要類如此以
疾終于家時元祐二年十一月三十日也享年五十有八娶吳氏男四人
曰鷹曰之才曰麃曰庶女五人長適四明方淇次適同邑朱芭次適山陰
吳航次許嫁會稽陳寀皆舉進士一蚤卒以四年十一月初七日葬于明州
慈溪縣金川鄉太平湖之原余於　府君之長子為姻亞使者不遠數
千里狀其行來請昇之銘余雖不敏其何以辭銘曰
五代失馭　鯨吞虎攘　吳越一方　獨壽而康　德在錢氏
天乎弗忘　枝布葉衍　英豪代張　四世泯嘿　君胡不臧
食浮於人　鬼得而傷　善無近名　闇然後章　餘慶不享
其流則長　稽山鬱鬱　姚江湯湯　生也無愧　歸安其藏

臨潁陳奕刻

〇四四　吴巨母李氏墓誌銘 宋大觀二年（1108）三月十一日

[篆額]

宋故李」氏夫人」墓誌銘」

[誌文]

宋故李氏夫人墓誌銘」

朝奉郎新差通判全州軍州管勾學事兼管内勸農事武騎尉賜緋魚袋黄鑄撰」

朝奉郎前通判睦州軍州管勾學事兼管内勸農事武騎尉賜緋魚袋吴點篆」

朝奉郎權廣親宅宗子博士武騎尉賜緋魚袋施遵書」

居士吴府君之夫人曰李氏，世爲邵武清德人。父譽，隱君子。夫人婉娩聽從，出於性成，比稟姆訓，逸而功」倍。年十八，歸吴氏，奉舅姑盡道，凡家之事大小必請。處心純一，室無私藏，故居娣姒之列，無間言者。事居」士如賓，靡不順受。居士篤於教子，喜延豪俊，座上殆无虚日。夫人親督庖飪，初无倦色，故其子交遊博約，」因克有立。夫人仁憫，不輒迕物，居士賑貧恤患，夫人助之，戚戚見顏間。伯姒相繼逝去，二孤在齠齔，夫人」衣被教養至成人，爲婚娶，如己出，人所難者，夫人優爲之。仲子巨、季子詢居上庠閲十年，咸有聲稱。仲累」舉入官，會朝廷新三舍法，郡守聞其賢，命録教事。歲餘，外臺移檄權建州關隸尉，迎侍之官。未幾，以」捕獲功遷京秩，又權福州閩清尉簿，所至著能名，夫人陰德明教之素也。大觀元年六月初一日，卒於官」舍，享年八十有三。舉柩歸鄉里，以二年三月十一日葬于聯榮之原。居士先夫人十九年卒，享年七十有」一。子男四人：申、巨、正、詢。女適進士施挺。孫男女十一人，曾孫男三人。仲躬請銘，余少与仲游，每拜夫人堂」上，稔知夫人行實，義[1]不得辭，謹爲之銘。銘曰：」

温温令德，實根性成。姆訓無勞，婉娩而行。夙夜夫家，盥以雞鳴。衎衎賓宴，躬庖不盈。」猶子即孤，撫育以情。教導始終，如己所生。族无間言，人所難能。詵詵来裔，芝蘭其廷。」以禄爲養，夫人之榮。嗚呼！既康而壽，世胡与京。」

[按語]

浙江紹興市會稽金石博物館藏誌。誌石上小下大，左右兩邊略呈弧形，高111.5、寬54.5、厚6厘米。

篆額3行，行3字；誌文正書，共17行，满行40字。

---

[1] 義，補於“實”字右下。

宋故李
氏夫人
墓誌銘

宋故李氏夫人墓誌銘

朝奉郎新差通判全州軍州管勾學事兼管内勸農事武騎尉賜緋魚袋黄　鑄　撰
朝奉郎前通判睦州軍州管勾學事兼管内勸農事武騎尉賜緋魚袋吴　點　篆
朝奉郎權廣親宅宗子博士武騎尉賜緋魚袋施　遵　書

居士吴府君之夫人曰李氏世為邵武清德人父嚮隱君子夫人婉娩聽從出於性成比稟姆訓逸而功
倍年十八歸吴氏奉舅姑盡道凡家之事大小必請處心紀一室無私蔵故居娣姒之列无間言者事居
士如賓靡不順受居士篤於教子喜延豪俊坐上殆无虚日夫人親督庖飪初无倦色故其子交遊傅約
因克有立夫人仁惻不轍遲物居士賑貧恤患夫人助之戚戚見顏間伯姒相繼逝去二孤在齠齔夫人
衣被教養至成人為婚娶如已出人所難者夫人優為之仲子巨季子詢居上庠閲十年咸有聲稱仲累
舉入官會　朝廷新三舍法郡守聞其賢命録教事歲餘外臺移檄權建州関隸尉迎侍之官未幾以
捕獲功遷京秩又權福州閩清尉簿所至著能名夫人陰德明教之素也大觀元年六月初一日卒於官
舍享年八十有三舉柩歸鄉里以二年三月十一日葬于聯榮之原居士先夫人十九年卒享年七十有
一子男四人申巨正詢女適進士施挺孫男女十一人曾孫男三人仲躬請銘余少与仲游每拜夫人堂
上稔知夫人行實義不得辭謹為之銘銘曰
温温令德　實根性成　姆訓無勞　婉娩而行　夙夜夫家　盥以雞鳴　衎衎賓宴　躬庖不盈
猶子即孤　撫育以情　教導始終　如已所生　族无間言　人所難能　詵詵來裔　芝蘭其廷
以禄為養　夫人之榮　嗚呼既康而壽世胡与京

〇四五　余邦傑墓誌銘 宋宣和七年（1125）十二月十九日

[額文]

宋故余公墓銘

[誌文]

宋故助教余公墓銘」

妹夫[1]進士劉起撰」

甥修職郎傅倆書」

助教余公，邦傑其諱，德用其字。世家信之鉛山，代傳醫術。厥父懷」之，江東良醫之師。德用素襲箕裘，形證旨訣，尤極其妙，龍圖閣學」士、秦鳳路帥陳公諭知名，補安撫司醫助教。懷之七十八歲醫功，」何啻活一千人陰德，終于正寢。德用卜宅兆，全大事畢，喟然歎曰：」“吾家累代明醫，父没，聲譽尚存，吾伯父、叔父有子曰聖求、公濟，醫」名大著當時，代□乏人。若辯色脉，用肘後靈驗，拯救人於萬死一」生，有二□□□，吾無與焉。”乃持所自得方書，束之高閣。遂謀治生」計，修□檢，處家治，宗族稱悌，朋友稱信，一鄉賢之。平居無事，目不」忍見紛華，口不忍談是非，恬憺自適，樽酒自娱，杜門游詠，好誦古」詩云：“蠶吐新絲麥已成，家無王事國無征。閑鋪竹簟月明下，滿酌」白醪歌太平。”德用志趣不貪，舉此盖可知矣。晚年樂西方氏教，門」下嘗延講僧，卯齋施食，靈文神呪，楷筆親録。偶姊夫周公□求傾」逝，德用詣龍華精舍爲亡者薦，釋然感悟，沐浴更衣，命酒与親賓」酌別，無疾默於席上瞑目，親賓大駭，德用如如不動。命佛僧迎歸」故廬，掩棺若初，實宣和七年五月二十三日，享年四十有七。娶周」氏，生二子四女。子曰端忠、端成。女一人先德用卒，次適汝南周覺」民，次適彭城劉順受，又其次尚處。是年十二月十九日，卜兆于熊」田倉院之原。葬有日矣，其遺孤號来請銘，起乃德用姊夫，秉筆不」敢固辭。銘曰：」

苗而不秀者有矣夫，秀而不實者有矣夫。」嗚呼德用，秀而不實，犖犖奇材，彬彬文質。天道難諶，」俄奪其吉，壽不云者，四十有七。卜葬熊田，佳氣鬱鬱。」詵尔子孫，顯榮他日。銘告無期，幽竁鐫石。」

[按語]

私人藏誌。誌石高66.5、寬56、厚5.5厘米。

題額正書，横向單行6字；誌文正書，共26行，滿行25字。

---

[1] 妹夫，下文稱“起乃德用姊夫”，兩處必有一誤。

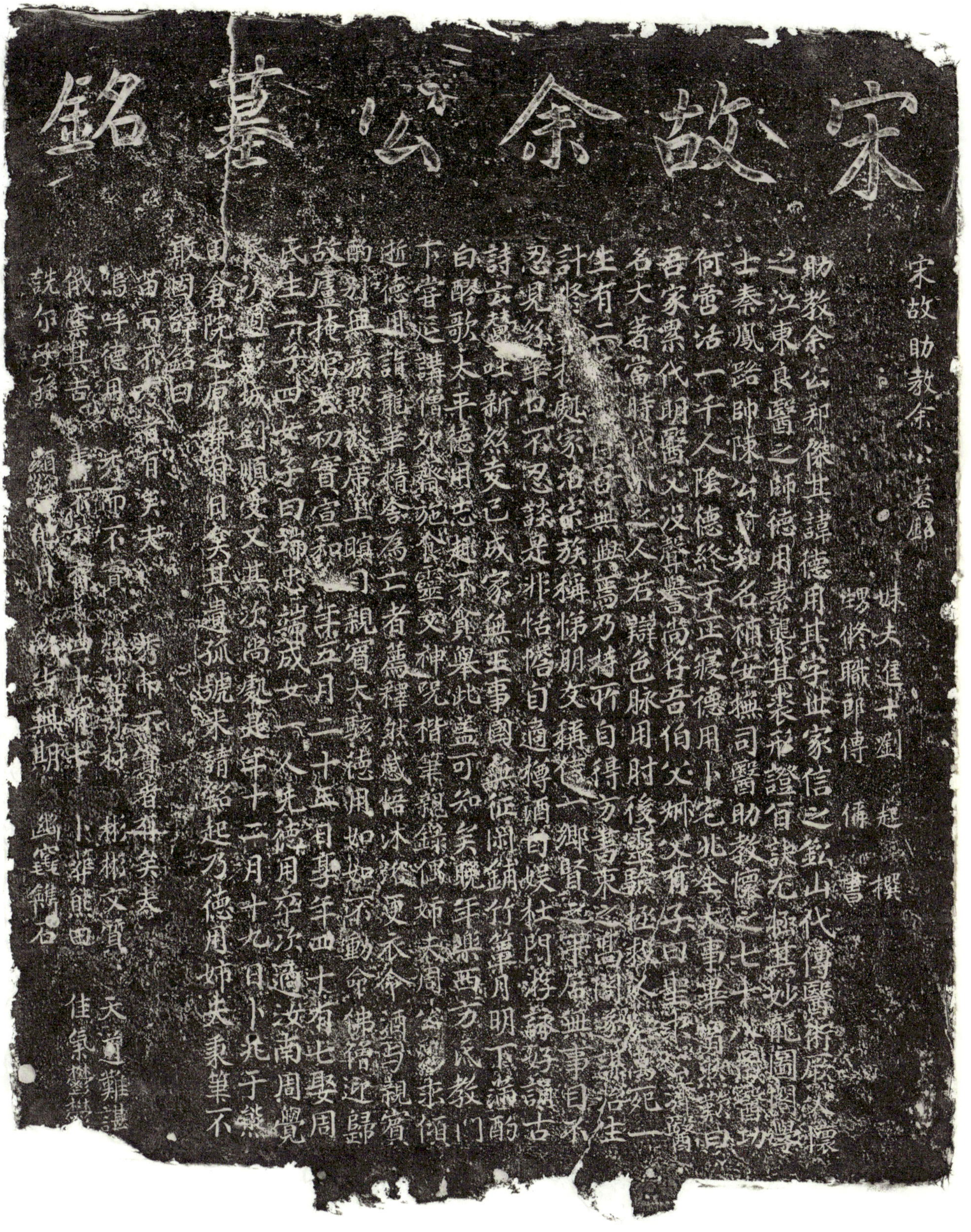
宋故余公墓銘

〇四六　薛萬妻甲氏墓誌銘 宋建炎二年（1128）四月六日

［篆蓋］

宋故甲」氏夫人」墓誌銘」

［誌文］

宋故甲氏夫人墓誌銘」

奉議郎前簽書楚州判官廳公事薛朋龜譔」

朝請郎前通判桂州軍州事林保書」

朝請大夫前提點南京鴻慶宫吴正平篆蓋」

予自山陽解官還里，族有承節郎居仁来，致父辭并持母行狀，且自言曰："吾父生平力學，急於禄養，遊太」學，試場屋，屢挫不倦。晚年一舉不第，冥心杜門，究觀佛書而已。然吾家生事浸浸增裕，不覺凴厚，雖吾父」經治有方，振領皆順，實吾母勤儉積累相助力也。今母葬有日，必有以示永久而不没者，庶幾以慰無窮」之哀。是敢恭承父命，求文以誌於壙。"予視居仁姪行也，不得辭。

夫人甲氏，世占明州之鄞人。曾祖紹，祖」震，父況，皆隱德不仕，居州之江東，耕負郭田以自業。至父況趣操尤異，獨築室聚書，玩味古昔，未嘗以科」舉芥蒂其胸抱，甘心窮約，耻於自售者也。故夫人日受家訓，習性平澹，不樂[侈]靡而喜好施予。未笄時已」能孝父母，年二十歸于薛君萬爲冢婦。及事舅姑，移所以孝父母者以順適其意，甘旨之奉，舅姑可意而」後敢就食。歲時祭享，必率先赴庖爨，妯娌無不自媿，罔敢後者。舅病不瘵，至身不解衣，食不知味，懇禱百」至，禮佛誦經，誓爲保護。迨不救，復回所誓經佛以爲薦悼，日夜哀號禮誦，雖祁寒盛暑不少變，人所難者」也。族人有疾，問視不絶，若幼老則親調粥藥，俯仰扶携，不忍去其側。親戚之冠婚喪葬，必取决於夫人，力」與裁處，使不戾於法。有患害急難它親所不敢前者，獨先赴。其後身先義如此。與行輩友順，遇孤寡特加」存恤，婢獲有過，[不]少假借，怒霽則愛育如初。事無掩藏，必發而後已。其天性仁慈義直又如此。生二男：長」即居仁也，次曰敏功，甫冠，皆遣就郡庠。時□廷方興武學，嘗告居仁曰："□少閑弓馬，材勇所宜。文武」一道也，勉之哉。"居仁遂以所習進，屢試優等，嘗□諸生冠。宣和間，永嘉凶寇□發，攻圍城邑。居仁領兵軍」中，守城擒賊，功在第一，遂奏名授官。又嘗誡敏□曰："父不累汝以家事，使一□向學而不戾父言，吾所願」也。"敏功亦能進[修]□藝，有聲庠序間，可指日□□也。二女：長適里士陳□□□卒，再適迪功郎舒邦耆；」次爲尼，曰法演□□具净大師，皆先夫人卒。□□□曰畸，曰疇，習進士業，餘[尚]幼。孫女一，許嫁里士林勉。」

夫人平時頗勞[家]□，年及暮，稍稍退居静寂，論説死生。一日，謂其夫曰："薛氏其

先五世不析居，至鳴鼓而」食，無有間言，故家聲富盛，爲州義族。迨吾歸也，薛氏之業未能復振，吾助君營葺，蚤夜不懈，使君有幹蠱」之譽，無辱先之咎，而貲産之厚，視前代無媿也。今吾老矣，塵勞汩汩，何時已乎？”於是日誦蓮經不少輟，囊」篋所積，出以崇佛事、賙貧乏，鉛華文繡，一切斥去。以靖康元年十二月二十五日感疾終于寢，享年七十。」用建炎二年四月初六日，葬于縣之通遠鄉白石里河陽嶴之原，從先塋也。嗚呼！夫人之行備矣，自爲」女至爲婦爲母，皆有善可稱，爲族人所愛慕。死之日，其下無疏戚，哭爲之慟，或至毀瘠不能自已，是可銘」也歟。銘曰：」

賢哉夫人，孝行之純，承上以順，遇下有恩。知人急難，先義後身。」相夫以正，教子諄諄。俾夫與子，無有訾云。恭儉積累，豐裕是因。」既及其裕，處之以仁。施以崇佛，惠周窶親。晚悟覺理，脱去世塵。」鉛華弗事，恪守梵文。生無所憾，死有清芬。河陽之原，氣象氤氲。」夫人其藏，魂兮永存。作爲銘詩，以□後昆。

刊石陳鋭。」

［按語］

2018年6月慈溪市博物館徵集。誌石斷爲兩截，陰面有三道機械破壞淺槽，疑爲挖掘機痕迹，高86、寬83、厚8.5厘米。

兩面刻，陽面篆書3行，行3字；陰面誌文正書，共33行，滿行40字。

○四七　鄒鎮墓誌銘　宋建炎三年（1129）十月二十二日

［篆額］

宋故」鄒居」仕墓」誌銘」

［誌文］

宋故鄒居士墓誌銘」

通直郎前南安軍簽書判官廳公事賜緋魚袋李元升譔」

通直郎充荆湖北路安撫都總官司幹辦公事郭千里書」

迪功郎郴州桂陽縣尉巡捉私假香鹽茶事郭振篆盖」

鄒居士諱鎮，字安孺，臨江軍新淦人也。其先以國得姓，唐季有仕於撫郡，」五代紛擾，始有徙居于淦之太平。逮居士七世，皆有令德，爲鄉閭望族。居」士曾祖知進，祖顗，父回，家世業儒，有膺侯薦而未仕焉。居士早孤，幼媞經」史，長能纘文。静默有守，不妄交遊。纔舉進士不利，即無復宦意。廣市圖書，」華飭館舍，觀文囿，覽辭林，覃思洒翰，聯緝篇章，樂與詞人才士追逐清歡，」未常以功名貲賄芥蒂也。故不以滿贏爲念，獨以一經教子。其子堯仁克」遵義方之訓，偶」時舍法徧天下，月呈歲校，累占上游，賓貢辟廱。方當馳騖多士之際，居士」以無兼侍爲慮，速使告還，由是彷徨，不忍歲時去也。至誘迪諸孫，勵業精」勤，詵詵然皆有圭璋令器，他時振發隆盛，未易量耶。居士雖以貲雄里閈，」有黷於利者鄙之，有由於義者樂之，應接端嚴肅如也，内外和睦裕如也。」動循家檢，德望絶人，遠近企慕。忽以疾終于寢，享年七十有六，乃建炎戊」申九月八日也。居士娶艾氏，著林下之風，禀閨房之秀，中饋成猷，助正厥」家。子一人，即堯仁也。女七人：長適艾慶源，次曾毅立，次曾汝弼，季曾執禮，」皆舉進士，先居士而亡者三人。孫男五人：元老、元亮、元功、元凱、元明。孫女」二人：長適艾時可，次郭庭芝，皆右族。其孤堯仁以己酉歲十月丁酉，卜葬」於排峯之源，来求銘於予，乃爲之銘曰：」

於赫鄒宗，七世謐寧。壽而好德，富而不盈。」有曄子孫，適追厥成。勒銘幽礎，永保佳城。」

［按語］

2018年11月慈溪市博物館徵集。誌石高128、寬72、厚3厘米。

篆額4行，行2字；誌文正書，共23行，滿行28字。

宋故鄒居士墓誌銘

宋故鄒居士墓誌銘

通直郎前南安軍簽書判官廳公事賜緋魚袋李九升譔

通直郎充荆湖北路安撫都總管司幹辦公事鄒千里書

迪功郎郴州桂陽縣尉巡捉私僞香鹽茶事鄒振篆蓋

鄒居士諱鎮字安孺臨江軍新淦人也其先以國得姓唐季有仕於撫郡
五代紛擾始肴徙居于淦之太平逮居士七世皆有令德爲鄉閭望族居
士曾祖知進祖顗父田家世業儒有膺僕薦而未仕焉居士早孤幼堪經
史長能纘文靜黙有守不妄交遊繞舉進士不利即無復宦意廣帀圖書
華飾館舍觀文圃覽辭林覃思涵翰聯緝篇章樂與詞人才士追逐清歡
未常以功名貲賄芥蔕也故不以菑贏爲念獨以一經教子其子堯仁克
遵義方之訓偶
時舍法徧天下月呈歲校累占上游屢貢辟廱方當馳騖多士之際居士
以無兼侍爲慮速使告還由是彷徨不忍歲時去也至誨迪諸孫勵業精
勤誂誂然皆有圭璋令器他時振發隆盛未易量耶居士雖以貲雄里閈
有䟽於利者鄙之有由於義者樂之應接端嚴肅如也內外和睦裕如也
動循家儉德望絶人遠近企慕忽以疾終于寢享年七十有六乃建炎戊
申九月八日也居士娶艾氏甞林下之風稟閨房之秀中饋成猷助正厥
家子一人即堯仁也女七人長適艾慶源次曾毅立次曾汝翳季曾執禮
皆舉進士先居士而亡者三人孫男五人元老元亮元功元勛元明孫女
二人長適艾時可次郭庭芝皆右族其孤堯仁以己酉歲七月丁酉卜葬
於排峯之源來求銘於予乃爲之銘曰

於赫鄒宗　七世謐寧　壽而好德　富而不盈
有曄子孫　遹追厥成　勒銘幽礎　永保佳城

○四八 陳石墓誌銘 宋紹興二年（1132）十一月二十七日

[篆蓋]

宋故」陳府」君墓」志銘」

[誌文]

宋故陳府君墓誌銘」

承議郎充諸王府翊善賜緋魚袋馮軫撰」

朝散郎充諸王府贊讀賜緋魚袋練剛書」

宣教郎充睦親廣親北宅大小學教授梅文篆」

國家妥安垂二百年，二浙非邊警，居民不識金革。宣和庚子冬，青溪山獠竊作，郡縣忽之，多失」守。明、越號獨全，而越支邑半爲剽略，賊鋒方銳，駸駸於餘姚、慈溪矣。

余時護喪家居，憂甚，俄諜」者歸報曰："賊豈能驀侵吾邦！"詰其所自，乃曰："餘姚有陳氏者，率勇敢數千，防托邑境，□貲累萬，」裨助軍糗，掎衆用命，誓滅兇醜，故群盜憚而不敢肆。"繼官兵接戰，賊徒稍潰，陳躡追之，皆獸驚」鳥竄，無一敢伏境内者。府帥安撫劉公聞而奇之，召詣府計事，陳曰："石凡庸，豈知兵？然狗偷」鼠竊輩皆平日負販兒，乘太平弗備，敢肆猖蹶。苟使人人感勵，勇者效力，富者輸糧，嚴肅警」禦，則賊勢摧力屈，不攻自破。石雖不材，願以身先。"安撫公壯其謀，即以二子爲效用，復請于」朝，命賞以官。

當是時，士大夫尚有棄印紱，離境土，奔走避伏爲幸免計者，况陳披榛莽，不恡家」貲，父子竭力毅然以報國爲志，非忠勇所激而然歟？昔天聖中，汝潁盜發，桑懌以庶士捕殺，」梗槩立功。歐陽文忠公愛其氣節，爲著傳。余亦嘉陳氏事，欲書未暇。一日，其子庚持行狀抵余，」曰："庚父不幸死矣。聞執事嘗欲作傳，今敢請銘，可乎？"余復得其行事不誣，遂書焉。

君諱石，字」仲安，世爲越之餘姚人。曾祖諤，祖憲，父閏，皆隱德弗耀。君幼豪爽，憙閲書，頗嗜道佛，琳館蘭若，」有靈蹤處，雖千里必往。早孤，自任家事，貲尚薄，而鄉里慶吊，歲時祠享，無廢禮。二弟幼，或誘其」析産。先爲創第，婚娶問所欲以安存之，然後異居，財無一毫私。嘗自嘆曰："大丈夫處世，非貴即」富。余幼失所怙，沉堙家累，無復榮望，陶、猗豈欺我哉？"迺殖産聚貲，渠渠無少懈，遂以財雄於里。」

然篤意教子，好善樂施，喜賙人急。邑之龍泉佛寺將圮，一顧慨然，捐金數千緡成之。宗族或貧」窶弗給，悉加養恤。井閈有貸求，若償與給，曾不芥蒂。鄉人爭弗直，多從質判，所疑往往允解，鄰」里之訟爲息。邑宰汪公號能政，旌别淑慝，有編氓訟牒數造庭，因曰："吾莅兹邑，久聞陳氏者，」居田頃逾百，未嘗訟一佃者。汝産幾何，而訟無虚日乎？"君聞，

宋故陳府君墓志銘

嗚呼古人謂莫者成也
徽萬年永安重見天日
豈料元我孝君矣一年
弟廷臣卒又三年兄庚
卒後二年女孫四娘卒
越十二日母氏繼亡豈
地不善若茲乎今遷于
東山鄉新湖歟其母氏
同葬地重慰先靈祖[illegible]孫
子紹興二年壬子十一
月二十七日男承信郎
陳廷賓泣血書碑陰

身軒強龍勇士不能過也暇日嘗曰吾邑有舍館江山清麗正宜宴息異時易簀於山足矣一
夕忽抵舍連賓酣飲遂感疾而終若契夙志寔宣和五年二月二十四日壽享年六十有七娶
呂氏男三人長曰庚承信郎就差越州新昌縣稅務次曰廷賓守明州助教皆以材略奮平賊
之力為多郎一安撫公奏以賞功也次曰廷臣好學績文舍法初行以藝優中舍選一時儕
輩推許女五人長適宣溪次姚安次沈升守台州助教次符尚志蚤卒君為撫養其孤以適士
李勳孫男女八人以靖康元年閏十一月二十日葬于上虞縣永豐鄉王祥里[illegible]山之原從新
卜也君天性和易而沉毅有謀遇人不問疏昵一待以禮故鄉閭無少長咸知欽重於[illegible]識
取斷智術有過人者遂能奮身江滸為搢紳名賢所知是可銘也銘曰
冨以起家非周於智耶毅然報國非勇於忠耶
身享令終而賞延于嗣絛之考德者寧有取於斯耶

故陳府君墓誌銘

承議郎充諸王府翊善賜緋魚袋□□□□提□

朝散郎充諸王府贊讀賜緋魚袋□□□□書

宣教郎充睦親廣親北宅大□□□□□篆□

國家安安垂二百年二浙非邊警居民不識金革宣和庚子青溪山獠竊佐郡□之多□
守明越號獨全兩越蓋是半為剽略賊鋒方銳驛騷於餘姚□溪矣余時護喪家□□其□
若歸報曰賊豈能驚侵吾邦詰其所自乃曰餘姚有陳氏者率勇敢數千防托□□□□□莫
裨助軍糧犒衆用命皆滅兇醜故群盜憚而不敢肆繼官兵捍戰賊徒□責陳躡□□□□□
鳥竄無一敢伏境內者府帥安撫劉公聞而奇之召詣府計事陳曰右凡庸豈知兵□然狗偷
鼠竄輩皆平日貿販見素太平弗備敢肆猖蹶苟使人人感勵勇者效力富者輸糧□□警
禦則賊勢摧沮屈不攻自破□雖不材願以身先安撫公壯其謀即以二子為效用復請于
朝命賞以官賞是時士大夫尚有棄印紱離境土奔走避伏為幸免計者況陳被榛莽不捨家
覺父子竭力毅然以報國為志非忠勇所激而然歟昔天聖中汝潁盜發桑懌以歷去捕殺
梗槃立功歐陽文忠公愛其氣節為著傳余亦嘉陳氏事欲書未暇一日其子庚持行狀抵余
曰庚父不幸死矣聞執事嘗欲任傳今敢請銘可乎余復得其行事不誣遂書焉君諱石字
仲安世為越之餘姚人曾祖諤祖惠父聞皆隱德弗耀君幼豪爽惠閱書頗嗜道佛琳館蘭若
有靈蹤處雖千里必往昇任家事貲尚薄而鄉里慶吊歲時祠享無廢禮二弟幼或誘其
析產先為創第婚娶問所欲以安存之然後異居財無一毫私嘗自嘆曰大丈夫處世非貴即
富余幼失所怙況煙家累無復榮望闕衛豈敢我哉遂殖產聚貲渠渠無少懈遂以財雄於里
然篤意教子好善樂施喜賙人急邑之龍泉佛寺將圮一願慨然捐金數千緡成之宗族或貧
寠弗給悉加養恤井閭有貸求若償與給曾不計帶鄉人爭弗直多從質判所疑往往允解鄰
里之訟為息邑宰汪公號能政旌別淑慝有編氓訟辭數造庭因曰吾蒞茲邑久聞陳氏者
居田頃逾百未嘗訟一佃者汝產幾何而訟無虛日乎君聞戒子弟曰□何者誤為令尹知汝
等宜佩服謹飭毋以事干官府其平居慎畏類此及禦寇抗敵父子相勉非有驅督而奮不顧

陳石墓誌銘

戒子弟曰："某何者？誤爲令尹知，汝」等宜佩服謹飭，毋以事干官府。"其平居慎畏類此。及禦寇抗敵，父子相勉，非有驅督而奮不顧」身，雖强鷙勇士不能過也。暇日，嘗曰："吾邑有舍館，江山清麗，正宜宴息，異時易簀於此，足矣。"

一」夕，忽抵舍，速賓酣飲，遂感疾而終，若契夙志，寔宣和五年二月二十四日卒，享年六十有二。娶」吕氏。男三人：長曰庚，承信郎、就差越州新昌縣税務；次曰廷賓，守明州助教。皆以材略奮，平賊」之力爲多，即安撫公奏以賞功也。次曰廷臣，好學績文，舍法初行，以藝優中舍選□一時儕」輩推許。女五人：長適宣涣；次姚安；次沈升，守台州助教；次符尚志，蚤卒，君爲撫養其孤；次進士」李勣。孫男女八人。以靖康元年閏十一月三十日，葬于上虞縣永豐鄉王祥里康山之原，從新」卜也。

君天性和易而沉毅有謀，遇人不間疏昵，一待以禮，故鄉閭無少長咸知欽重。至於臨機」輒斷，智術有過人者，遂能奮志立事，爲搢紳名賢所知。是可銘也。銘曰：」

富以起家，非周於智耶？毅以報國，非勇於忠耶？」身享令終，而賞延于嗣。後之考德者，宜有取於斯耶。

四明盧兹刊。」（以上陰面）

嗚呼！古人謂：葬者，藏也，」欲萬年永安。重見天日，」豈得已哉？考君葬一年，」弟廷臣卒。又三年，兄庚」卒。後二年，女孫四娘卒。」越十二日，母氏繼亡。豈」地不善若兹乎？今遷于」東山鄉新湖嶼，與母氏」同塋。地靈魂安，福我孫」子。紹興二年壬子十一」月二十七日，男承信郎」陳廷賓泣血書碑陰。」（以上補刻於陽面）

［按語］

2017年12月慈溪市博物館徵集。誌石右下角和左上角稍殘，高101、寬104、厚9.5厘米。兩面刻，陽面篆書4行，行2字，遷葬記正書12行，滿行9字；陰面誌文正書，共34行，滿行36字。

○四九　陳石妻吕氏墓誌銘 宋紹興二年（1132）十一月二十七日

［蓋文］

宋故夫」人吕氏」墓誌銘」

［誌文］

宋故夫人吕氏墓誌銘」

從姪修職郎陳廷俊撰并□」

夫人世爲越州餘姚人，曾祖顯，祖皓，父最，皆隱德不仕。夫人天資柔順，性□□□□」父母家，志德而勤功。既笄，歸陳氏，蘋藻承祀，雞豚致養，夙興夜寐，忘其疲役。壼□□」治，各有條理，家人怡然，曾無間語。陳氏得以藉祖經營于外，越數年間，富厚甲□□」邑者，夫人輔佐相成而然也。家居僅千指，門日如市，未嘗失色於人。延師儒以教□」弟，施恩禮以御僕妾，内外小大，咸得懽心。

中年屏嗜慾，不茹葷，留心内典，歸依西方」聖人。晨興櫛盥，百拜而後出，凝寒溽暑，曾無憚意。雖指畫家事，行止誦念不輟諸口。」寺有寶積者，塑觀音像，綵裝具備，唯額珠尚缺。一夕，夢一僧謂曰："余缺額珠，其能捨」我乎？"夢以許之。平旦，果有僧詣，與夢相符，遂出金俾以置之。寺有長慶者□百羅漢」新其相貌，夫人欲裝二身，心許而未逮遺物。一夕，夢二僧坐于卧内，曰："心可負乎？"覺」則出金以償其願。志誠感格者多此。由是欽事之心愈堅，布施愈憙。緇徒日登門，不」問多少，出拜而具齋粥。有所求者，隨宜與之，殊無難色。鄉里寺院，傳經施戒之□□」就結緣。育王寶塔、天童精藍，雖越郡邑，竟往瞻礼，施及數百萬。素食三十年，氣體充」實，莫聞遺〔違〕和。不幸感疾，醫者咸謂素食之久，藥力瞑眩，宜以葷食和藥進之，少助腸」胃。夫人聞其氣味之殊，屏去不服。翌日，索浴更衣，手結浮圖印，冥目而逝，實紹興二」年七夕日也，享年七十有五。以其年十一月二十七日，葬于東山鄉新湖之嶼，從□」卜也。

男四人：長曰庚；次曰庚，承信郎、前監越之新昌縣税務；其四曰廷臣，舉進士，皆」先夫人卒。其三曰廷賓，承信郎，今奉襄事。孫男女八人。女五人：長適陝西效用宣涣，」次適姚安，次適符尚志，次適承信郎、江州巡檢沈升，次適進士李勣，適宣□、沈升者」亦先夫人卒。夫人平居沉默，雍容有禮，施設智慮，過人者多。歷事雖繁，其志不惑，故」歸依佛心弥久弥卲，及其終也，抑有感云。

廷俊於夫人爲堂母，獲聞其詳，爲之□曰：」

猗歟夫人，惪性温純。相夫榮家，誨子親仁。」知了欲了，靈識覺早。不御鉛華，栖心三寶。」寒暑不變，唯佛是念。亦有感通，他見我見。」湖山蒼蒼，湖水汪汪。夫人歸止，必顯其光。

四明陳鐸刊。」

[按語]

2017 年 12 月慈溪市博物館徵集。誌石高、寬均 82、厚 10 厘米。

兩面刻，陽面題蓋正書 3 行，行 3 字；陰面誌文正書，共 26 行，滿行 32 字。

宋故夫
人吕氏
墓誌銘

知了欲了　無識覺早　不御鉛華　棲心三寶
寒暑不變　唯佛是念　亦有感通　他見我見
湖山蒼蒼　湖水汪汪　夫人歸止　以顯其光　四明陳[illegible]

氏墓誌銘

○五○　葉上達妻汪氏墓誌銘 宋紹興十一年（1141）八月十九日

［誌文］

宋故孺人汪氏墓誌銘」

紹興辛酉七月庚申，吾子芸、苾即徽州祈門縣，舉故室汪氏之柩，来葬于臨江軍新淦縣欽風鄉」歸仁里樟樹之原，艮山丁向之兆，以八月甲申歸窆，成遺志也。其夫葉上達追述懿行，誌而藏諸」隧。汪氏著姓，甲於新安，皆靈顯英濟王之後裔。父諱晙，字公明，晦迹丘園，茹蔬奉佛。篤生賢女，恭」莊婉淑，本于天性，閨儀壼範，動合禮法。予家素貧，先宣義慕浮圖學，不以生事介意。予少處庠序，」歲仰教學爲養親計。自孺人歸，織紝之工，膳羞之事，薦獻之禮，必躬必親，夙夜匪懈。盡心婦職，家」之有無不以告，恐貽我憂，俾專志儒學，必期有成。嘗曰："竭力養親，人子之常，孰若立身揚名以顯」父母之爲孝乎？"嗚呼！婦德之懿，見於《召南》，婦順之訓，備於内則。孺人識慮聰敏，默全詩禮之教，其」内助多矣。惜乎享年不永，迨予登科入仕，孺人弗克見。紹興庚申，官躋朝列，始膺贈典，爲潛德之」光。孺人生元豐之甲子，十有九年而歸，又八年而卒，實大觀庚寅十二月十九日也。將瞑，告家人」曰："俗以少亡者必火化，非禮也。我幸有二子，期卓立於異時，儻瘞以土，使體魄有歸，追祀有所，雖」死何恨。"吾親感其言，殯于祖母塋側。宣和己亥，予丞新淦，越乙巳、戊申，継喪考妣，貧不能歸故鄉」就葬，因家焉。二子悯念松楸之遠，乃卜吉兆而遷，自卒至遷又三十有二年。長子芸，娶劉氏，孫男」三人，皆不育，孫女二人，長許適新淦郭綱，次幼。次子苾，娶蕭氏，孫男二人，長卒，次曰去病，孫女二」人，皆幼。於其遷也，予宰撫之宜黄，拘文不獲親臨襄事，尤切傷悼，謹系歲月而爲之銘。銘曰：」

爲婦以順，相夫以勤。胡不永年，死生遽分。寵靈追褒，淑德弥馨。」有子有孫，愈久而榮。樟樹之原，屹然孤墳。曷寫我心，銘以斯文。」

［按語］

2018 年 11 月慈溪市博物館徵集。誌石高 78、寬 48、厚 3 厘米。

誌文正書，共 17 行，滿行 37 字。

誌石背面刻有署元符元年（1098）詩一首，行書，共 14 行：

顔嘗以」《賜花》寄」温叔丈，蒙以」佳句見貽，謹酬」嚴韻。」顔再拜。」

宴罷歸来花幾」枝，人從」天上賜芳菲。山間」聊拜」僊翁壽，一夜光應」射翠微。」

元符元年冬至前」十五日，秀峰齋書。」

宋故孺人汪氏墓誌銘

紹興辛酉七月庚申吾子芸苾即徽州祁門縣舉故室汪氏之柩來葬于臨江軍新淦縣歛風鄉歸仁里樟樹之原艮山丁向之兆以八月甲申歸窆成遺志也其夫葉上達追述懿行誌而藏諸隧汪氏著姓甲於新安皆靈顯英濟王之後裔父諱晙字公明晦迹丘園茹蔬奉佛篤生賢女恭莊婉淑本于天性閨儀壼範動合禮法予家素貧先宣義慕浮圖學不以生事介意予少趣庠序歲仰斅學為養親計自孺人歸織絍之工膳羞之事薦獻之禮必躬必親夙夜匪懈盡心婦職家之有無不以告恐貽我憂俾專志儒學必期有成嘗曰竭力養親人子之常孰若立身揚名以顯父母之爲孝乎嗚呼婦德之懿見於召南婦順之訓備於內則孺人識慮聰敏默全詩禮之教其內助多矣惜乎享年不永追予登科入仕孺人弗克見紹興庚申官躋朝列始膺贈典爲潛德之光孺人生元豐之甲子十有九年而歸又八年而卒實大觀庚寅十二月十九日也將瞑告家人曰俗以少亡者必火化非禮也我幸有二子期卓立於異時儻瘞以土使體魄有歸追祀有所雖死何恨吾親感其言殯于祖母塋側宣和己亥予丞新淦越乙巳戊申繼喪考妣貧不能歸故鄉就葬因家焉二子恫念松楸之遠乃卜吉兆而遷自卒至遷又三十有二年長子芸娶劉氏孫男三人皆不育孫女二人長許適新淦郭綱次幼次子苾娶蕭氏孫男二人長卒次曰去病孫女二人皆幼於其遷也予寧撫之宜黄拘文不獲親臨襄事尤切傷悼謹係歲月而爲之銘銘曰

爲婦以順　相夫以勤　胡不永年　死生遽分　寵靈追褒　淑德弥馨
有子有孫　愈久而榮　樟樹之原　屹然孤墳　曷寫我心　銘以斯文

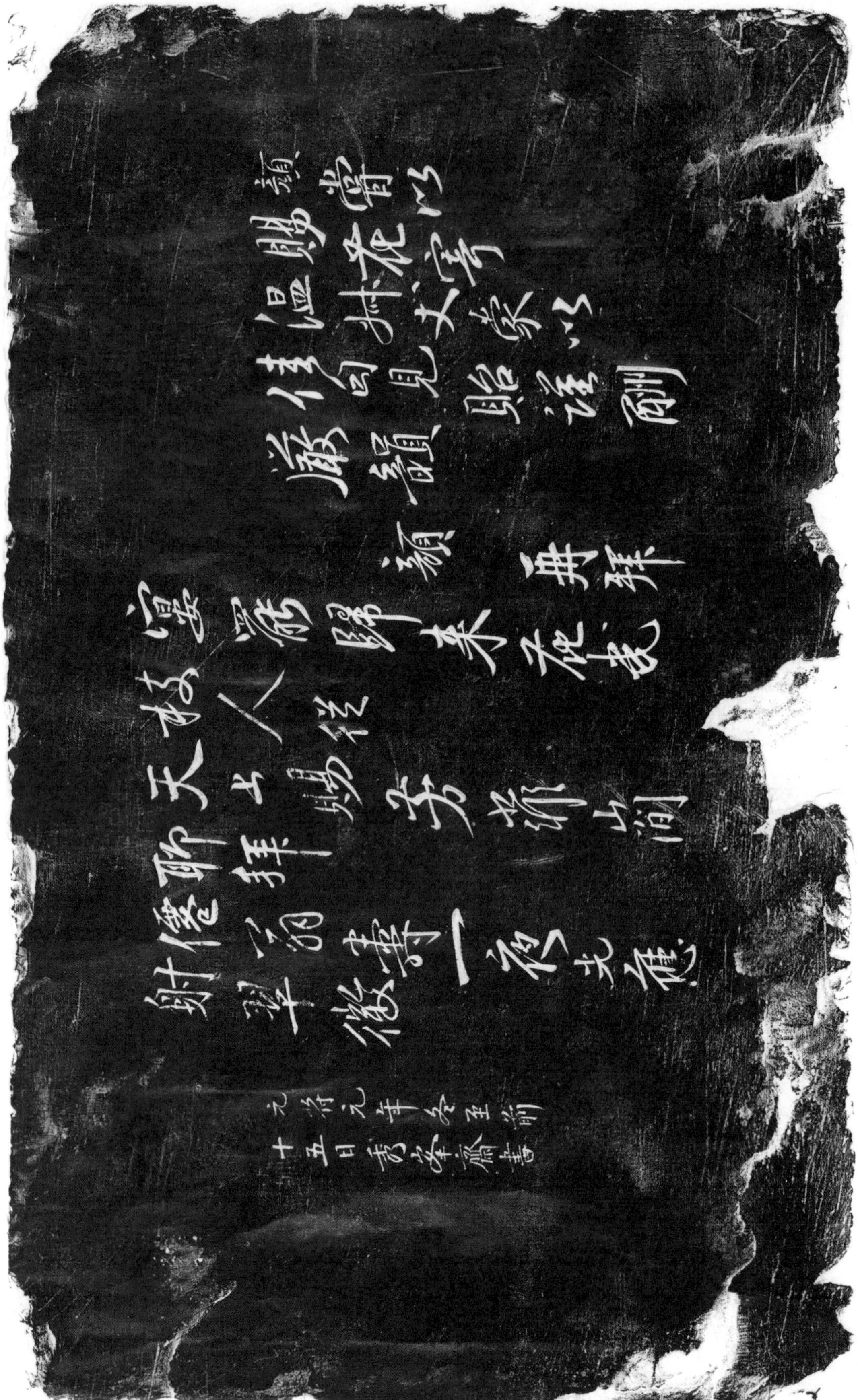

○五一　華細三娘地券 宋紹興十一年（1141）十二月八日

［券文］

維皇宋紹興十一年十二月乙丑朔初八日壬申，敕五道大神」名曰奔職，天一地二孟季仲，靈門山崗，墳演五湖四瀆，」關諸陰官、社稷、土伯、土凶、土下二阡石，今有部内大宋國明州慈」溪縣鳴鶴鄉小山里上松浦廟界西保居住歿故女弟子華細三」娘，行年四十八歲壽終，背陰向陽，去於閭里，先見三光，用天爲父，」地爲母，日月爲綱，星辰爲紀，敬信三寶，不犯十惡。今就鍾角」陸三師天符老人墓鄉、左扶右扶冢侯、丘丞墓伯、直符鬼使等」邊，市買前件墓地，將直錢九万九阡九百九十貫文，更無少欠，」永安亡神，案形骸，化鬼爲神，不得妄相淩奪。如有淩奪者，仰」三師上關東王公，下關西王母，光姑、職〔織〕女、七星、北斗，無不關者。葬」後子孫代代富貴。符到奉行，不得荷留。太上三師老君」敕券急急如律令。賣地東王公，買地西王母，」見神李定度，保神張堅固，任神王子喬。」本師鍾角陸三師陰陽先羅戩發付。」

西王母光女[1]」（以上正面）

券背[2]」

吾得千年泉下千斤石，」在彼莫相牽尅。石契黄，」石爛爛，我用急急如律」令云云。」（以上背面）

［按語］

2019年7月17日浙江慈溪市掌起鎮長溪村關頭自然村長溪嶺隧道南出口東側小山出土，長溪村民王氏藏。石高31.5、寬32、厚4厘米。

券文正書，正面共15行，隔行倒書，末行刻畫草率，當非正文；背面共4行。背面正中有星圖。

［1］西王母光女，疑指“西王母、光姑、織女”，當非地券正文。

［2］券背，“券”字系由“卷”字改刻。

維皇宋紹興十一年十二月乙丑朔初八日壬申勅五道大神
閞諸陰官社稷土伯土兄土下二千石今有部內大宋國明州慈
娘行年四十八歲壽終指陰向陽去於閭里先見三光用天多人
陸三師 天符老人墓鄉右扶右扶冢使丘丞墓伯直符兒使等
永安之神案形骸化鬼為神不得妄相侵奪如有侵奪者仰
後子孫代代富貴爵到奉行不得荷留太上三師老君
見神李定度 保神張堅固 任神王子喬

券背
吾得千年泉下千年石

○五二　余安行墓誌　宋紹興二十三年（1153）十二月三十

[誌文]

嗚呼！有宋石月先生之墓。先生□□□□□□」字仲勉，饒州德興人。以嘉祐二年丁酉□十□」二月十二日降生，享年九十有六，以紹興二十」有二年壬申歲七月二十四日傾逝。次年癸酉」十有二月三十日甲申，男左朝議大夫、前知贛」州軍州事應求襄奉于唐山之陽。先生以儒業」起家，道性高妙，爲一世宗師，官至承議郎致仕，」用應求遇郊祀恩封，終於右朝議大夫，賜三品」服。有《至言》十八篇、《春秋傳》十二卷、《石月文集》三」十五卷行于世。其詳銘於幽壙，揭之豐碑。載刻」此石，置諸墓隧，以詔後世，俾勿壞。應求泣血書。」

[按語]

拓片高94、寬62厘米。

誌文隸書，共11行，滿行18字，單綫邊框。

嗚呼有宋石月先生之墓先生[illegible]
字仲勉饒州德興人以嘉祐二年[illegible]
[illegible]月廿二日降生享年九十有六以紹興二[illegible]
有二年壬申歲七月二十四日傾逝次年癸酉
十有二月三十日甲申男左朝議大夫前知贛
州軍州事應求襄奉于唐山之陽先生以儒業
起家道性高妙為一世宗師官至奉議郎致仕
[illegible]應求遇郊祀恩封終於右朝議大夫賜三品
服胥至言十八篇春秋傳十二卷石月家集二
十五卷行于世其詳銘於幽壤揭之豐碑歎刻
岂石置諸墓隧以詔後世俾勿壞應求泣血書

〇五三　吕道中母楊靈光墓誌 宋紹興二十七年（1157）七月二十二日

[誌文]

宋故右中奉大夫、直秘閣、信陽縣開國男、食邑三伯户、賜紫金魚袋吕公□□問□□」令人楊氏，諱靈光，世爲洛陽人。曾祖故郎中、贈太尉諱巒，曾祖母　國夫人　氏。祖□」光禄卿、贈少師、中山郡公諱仲元，祖母□國夫人吕氏。父故朝請大夫、賜紫金魚袋諱」瓌寶，母清源縣君、改封宜人王氏。夫人年二十三歸先公，逮事先祖父少師、祖母福國」夫人，婦道肅恭，祭祀嚴謹，敦睦宗族，凡中饋之任，無不詳備。其奉事太令人之禮，承顔」候色，至於寢膳湯藥，皆躬臨之。蓋外祖英才勁節，爲時所重，而清源君又出名閥，自應」講習有素，夫人平居不喜以珠翠服飾，蔽衣糲食。他無嗜好，專心内典，自先公捐館舍，」一意枯寂，唯以佛事消長日，至忘休息。紹興二十六年丙子冬，道中、德中皆及官期，自」玉山迎侍，欲之任，舟過上饒，夫人偶微恙，十一月二十七日弃諸孤。明年丁丑七月乙」酉日，諸孤扶護，合先公信州玉山縣衣錦鄉大智山興教寺東槀葬之穴，以俟他日歸」祔神崧少師之塋。吕氏自先公六世祖後唐北京留守、河東□度使、太師、齊國公□夢」奇以上葬太原之榆次，五世祖太師、代國□□龜祥，高祖太師、魏國公諱蒙亨，曾祖太」師、許國文靖公諱夷簡，祖太師、申國正獻公諱公著以次，皆葬鄭州管城縣神崧里也。」子男二人：道中，右迪功郎、新監洪州修舩場；德中，右從政郎、新湖廣江西京西路總領」所准備差遣。孫男四人：伯訓，將仕郎；伯喞，登仕郎；伯馴、伯犅，將仕郎。德中丁丑六月又」以疾不幸。嗚呼哀哉！若夫人柔懿之行，則當求時名人以誌之，此姑紀其歲月云尒。

孤」子吕道中泣血謹書。」

[按語]

拓片高79、寬44厘米。

誌文正書，共17行，滿行33字。

宋故右中奉大夫直秘閣信陽縣開國男食邑三伯户賜紫金魚袋呂公□□問
令人楊氏諱靈光世爲洛陽人曾祖故□中贈太尉諱戀曾祖母　國夫人　氏祖
先祿卿贈少師中山郡公諱仲元祖母□國夫人呂氏父故朝請大夫賜紫金魚袋諱
瓌寶母清源縣君改封宜人王氏夫人年二十三歸先公逮事先祖父少師祖母□國
夫人婦道肅恭祭祀嚴謹敦睦宗族凡中饋之任無不詳備其奉事太令人之禮承顔
候色至於寢膳湯藥皆躬臨之蓋外祖英才勁節爲時所重而清源君又出名閥自應
講習有素夫人平居不喜以珠翠服飾蔽衣糲食他無嗜好專心内典自先公捐館舍
一意枯寂唯以佛事消長日至忘休息紹興二十六年丙子冬道中德中皆及官期自
玉山迎侍欲之任舟過上饒夫人偶微恙十一月二十七日弃諸孤明年丁丑七月乙
酉日諸孤扶護合先公信州玉山縣衣錦鄉大智山興教寺東藁葬之穴以俟他日歸
祔神崧少師之塋呂氏自先公六世祖後唐北京留守河東度使太師齊國公夢
奇以上葬太原之□次五世祖太師代國□□龜祥高祖太師魏國公諱蒙亨曾祖太
師許國文靖公諱夷簡祖太師申國正獻公諱公著以次皆葬鄭州管城縣神崧里也
子男二人道中右迪功郎新監洪州修船場德中右從政郎新湖廣江西京西路總領
所准備差遣孫男四人伯訓將仕郎伯甽登仕郎伯駉伯制將仕郎德中丁丑六月又
以疾不幸嗚呼哀哉若夫人柔懿之行則當求時名人以誌之此姑紀其歲月云尔孤
子呂道中泣血謹書

〇五四　王友墓誌銘 宋紹興三十一年（1161）二月十七日

［篆額］

宋故」判官」王公」墓銘」

［誌文］

宋故判官王公墓誌銘 鄒世超刊」

弟右迪功郎新差潮州司理參軍昇撰」

弟右文林郎新差知贛州信豐縣丞主管學事明遠書」

右迪功郎新江州湖口縣主簿主管學事伍峯篆」

先兄判官既捐館，諸孤辦塋奉葬，且有日矣。故人吴常狀其行，來語昇曰："知判官平昔出處之審莫如公，盍誌而銘之，」以傳于後？"昇泣而應之曰："諾。"先兄諱友，字必端，世爲撫州臨川大族王氏。曾祖立，國子監丞。祖洌，吉州司理參軍。父愷，」隱德不仕。先兄自幼尚志，鋭然欲傳高祖秘丞甲科之桂，深明《易》學，舉業尤精。少與兄珪敷文齊名，由三舍貢辟廱，」赴科舉取鄉薦，試漕臺中遴選，姓名相先後，且評題之曰"二王"。惜乎學術有餘，時命不偶，敷文公登科已騰踏矣，先兄」猶務恬退，不樂喧囂，以巖野自負，築室于鹿食原之别業，藏脩游息，徘徊於斯，因名之曰蠖谷，蓋取《周易·繫辭》"尺蠖之」屈以求伸"之義，觀其措意，視憇跡東山爲蒼生待時而起者，興復不淺也。久之，以年例該免鄉舉，堅卧不出，鄉人勉之」曰："丈夫不患乎無名，特患無其時。時且至矣，胡不以行其所學爲念？"乃應詔，羣試于南宫，又爾不利，遂欲退山爲」終焉之計。鄉人復勉之曰："與其皓首窮經以爲己，孰若施於有政以爲人。况國家求材，科目雖不同，其爲仕宦則一」也，子其思之。"先兄自念不從政則上負於君，不揚名則下慊於父，乃就恩科，授右迪功郎、郴州判官。入幕，未暇設」施，遽丁母憂。服除，改授建昌軍廣昌縣主簿兼丞。奉公廉勤，馭吏整肅，字民寬恕，事邑長恭謹，政聲藹然。士民日相慶」曰："有丞如此，吾屬何患。"而邑長朱公通直亦雅有舊，相得甚歡，方賴贊佐之益。夫何天奪其壽，遽爾云亡。朱公哭之慟，」如失左右手，凡棺衾賻贈送終之具，待之有加，報施之理，亦有所自也。

先兄孝于親，友于弟。善與人交，不特輔之以仁，」結之以信，雖久而不忘於致欽，其視流俗以勢利而凶終者，固有間矣。訓諸子甚篤，常誘以傳秘丞之桂爲榮，諸子皆」能遵義方，而務稱責望之誠。待鄉黨甚厚，嘗示以悼妖俗之詩爲戒，鄉黨亦樂與俱化而不負相告之忠。嗚呼！先兄之」學富贍已如此，先兄之行粹美又如此，可謂見面盎背，俯仰略無愧怍矣！而蹭蹬風雲，坎壈世路，在政和間，方下第」而接父之訃音；在紹興間，纔調官而遭母之家難；既而簿丞一邑，僅再書考而卒。昔人嘗謂"天道無親，常與善人"，先」兄可謂善人矣，彼蒼胡爲不相之，遂使官之不副所學，用之不盡其才？死之日，聞之者莫不流涕而痛悼。

先兄於紹興」庚辰十月二十六日寢疾，竟卒于官舍，享年六十有七。於是年十一月二十二日，諸孤扶護旅櫬來歸。越明年二月十」七庚申，葬于蠖谷之側。娶鄒氏，先卒。子六人：遵道、遵義、遵正、遵直、遵訓、遵範，皆力學。女一人，適同郡李騏，亦先卒。孫男」三人：祺、禧、祥。孫女六人，長未適人，次適翁嘉謀，次適李驊，餘尚幼。子孫詵詵，皆餘慶之所致也。銘曰：」

學足以潤屋，學成而屋不潤；才足以勝任，才大[1]而任不勝，此特人爵之虛稱。孝友」施於家，善無小而不積；忠信施於人，聲無遠而不聞，此乃天爵之甚真。官之九品，」而屋之所潤者至微。位之簿丞，而任之所勝者尤輕。天爵脩矣，而人爵之所靡者，」胡爲於要路，未聞其飛英？豈恥求自售而不媚臣鄰？豈行藏用舍由天而不由人？」

［按語］

誌石圓首，高163、寬77.5、厚8厘米。

篆額4行，行2字；誌文正書，共28行，滿行45字。

［1］大，係在“成”字上改刻。

宋故判官王公墓銘

宋故判官王公墓誌銘

弟右迪功郎新差潮州司理參軍　昇　撰
弟右文林郎新差知贛州信豐縣丞主管學事　明遠　書
右迪功郎新江州湖口縣主簿主管學事伍　峯　篆

先兄判官既捐館諸孤辦塋奉葬且有日矣故人吳常狀其行來語昇曰知判官平昔出處之審莫如公盍誌而銘之
以傳于後昇泣而應之曰諾先兄諱安字必端世爲撫州臨川大族王氏曾祖立國子監丞祖洌吉州司理參軍父愷
隱德不仕先兄自幼尚志銳然欲傳高祖秘丞甲科之桂深明易學舉業尤精少與兄珪數文齊名由三舍貢辟廱
赴科舉取鄉薦試漕臺中遴選姓名相先後旦評題之曰二王惜乎學術有餘時命不偶數文公登科已騰踏矣先兄
猶務恬退不樂喧囂以巖野自負築室于鹿食原之別業藏脩游息徘徊於斯因名之曰蠖谷蓋取周易繫辭尺蠖之
屈以求伸之義觀其措意視聰跡東山爲蒼生待時而起者興復不淺也久之以年例該免鄉舉堅卧不出鄉人勉
曰丈夫不患乎無名特患無其時時且至矣胡不以行其所學爲念乃應詔羣試于南宮又爾不利遂欲退歸山[illegible]
終爲之計鄉人復勉之曰與其皓首窮經以爲己孰若施於有政以爲人況國家求材科目雖不同其爲仕宦則一
也子其思之先兄自念不從政則上負於君不揚名則下慊於父乃就恩科授右迪功郎郴州判官入幕未暇設
施遷丁母憂服除改授建昌軍廣昌縣主簿兼丞奉公廉勤馭吏整肅字民寬恕事邑長恭謹政聲藹然士民日相慶
曰有丞如此吾屬何患而邑長朱公通直亦雅有舊相得甚歡方賴贊佐之益夫何天奪其壽遽爾云亡朱公哭之慟
如失左右手凡棺衾賻贈送終之具待之有加報施之理亦有所自也先兄孝于親友于弟善與人交不特輔之以仁
結之以信雖久而不忘於致欽其視流俗以勢利而凶終者固有間矣訓諸子甚篤常誘以傳秘丞之桂爲榮諸子皆
能遵義方而務稱責望之誠待鄉黨甚厚嘗示以悼妖俗之詩爲戒鄉黨亦樂與俱化而不負相告之忠嗚呼先兄之
學富贍已如此先兄之行粹美又如此可謂見面盎背俯仰無愧怍矣而躡蹬風雲坎壈世路在政和間方下第
而接父之訃音在　紹興間纔調官而遭母之家難既而簿丞一邑僅再書考而卒昔人嘗謂天道無親常與善人先
兄可謂善人矣彼蒼胡爲不相之遂使宦之不副所學用之不盡其才死之日聞之者莫不流涕而痛悼先兄於紹興
庚辰十月二十六日寢疾竟卒于官舍享年六十有七於是年十一月二十二日諸孤扶護旅櫬來歸越明年二月十
七庚申葬于蠖谷之側娶鄒氏先卒子六人遵道遵義遵正遵直遵訓遵範皆力學女一人適同郡李騏亦先卒孫男
三人祺禧祥孫女六人長未適人次適翁嘉謀次適李驊餘尚幼子孫詵詵皆餘慶之所致也銘曰
學足以潤屋學成而屋不潤才足以勝任才而任不勝此特人爵之虛稱孝友
施於家善無小而不積忠信施於人聲無遠而不聞此乃天爵之甚眞官之九品
而屋之所潤者至微位之薄丞而任之所勝者尤輕天爵脩矣而人爵之所靡者
胡爲於要路未聞其飛英豈恥求自售不媚邑鄰豈行藏用舍由天而不由人

宋故判官王公墓誌銘

弟右廸功郎新差潮州司理叅軍 昇 撰

弟右文林郎新差知贛州信豐縣丞主管學事 明遠 書

右廸功郎新江州湖口縣主簿主管學事伍 峯 篆

先兄判官既捐館諸孤辦塋奉葬且有日矣故人吳常狀其行來語昇曰知判官平昔出處之審莫如公盍誌而銘之以傳于後昇泣而應之曰諾先兄諱安字必端世爲撫州臨川大族王氏曾祖立國子監丞祖列吉州司理叅軍父愷隱德不仕先兄自幼尚志銳然欲傳高祖秘丞甲科之桂深明易學舉業尤精少與兄珪數文齊名由三舍貢辟廱赴科舉取鄉薦試漕臺中遴選姓名相先後旦評甚之曰二王惜乎學術有餘時命不偶數文公登科已騰踏矣先兄猶務恬退不樂喧囂以巖野自負築室于鹿食原之別業藏脩游息徘徊於斯因名之曰蠖谷蓋取周易繫辭尺蠖之屈以求伸之義觀其措意視貌跡東山爲蒼生待時而起者興復不淺也久之以年例該免鄉舉堅卧不出鄉人勉曰丈夫不患乎無名特患無其時時且至矣胡不以行其所學爲念乃應　詔羣試于南宮又爾不利遂欲退歸山終焉之計鄉人復勉之曰與其皓首窮經以爲己孰若施於有政以爲人況　國家求材科目雖不同其爲仕宦則一也子其思之先兄自念不從政則上負於　君不揚名則下慊於父乃就　恩科授右廸功郎郴州判官入幕未暇設施遽丁母憂服除改授建昌軍廣昌縣主簿兼丞奉公廉勤馭吏整肅字民寬恕事邑長恭謹政聲藹然士民日相慶曰有丞如此吾屬何患而邑長朱公通直亦推有舊相得甚歡方賴贊佐之益夫何天奪其壽遽爾云亡朱公哭之慟如失左右手凡棺衾賻贈送終之具待之有加報施之理亦有所自也先兄孝于親友于弟善與人交不特輔之以仁結之以信雖久而不忘於致欽其視流俗以勢利而凶終者固有間矣訓諸子甚篤常誘以傳秘丞之桂爲榮諸子皆能遵義方而務稱責望之誠待鄉黨甚厚嘗示以悼妖俗之詩爲戒鄉黨亦樂與俱化而不負相告之忠嗚呼先兄之學富贍已如此先兄之行粹美又如此可謂見面盎背俯仰略無愧怍矣而蹭蹬風雲坎壈世路在政和間方下第而接父之訃音在紹興間纔調官而遭母之家難既而簿丞一邑僅再書考而卒昔人嘗謂天道無親常與善人先兄可謂善人矣彼蒼胡爲不相之遂使官之不副所學用之不盡其才死之日聞之者莫不流涕而痛悼先兄於紹興庚辰十月二十六日寢疾竟卒于官舍享年六十有七於是年十一月二十二日諸孤扶護旅櫬來歸越明年二月十七庚申葬于蠖谷之側娶鄒氏先卒子六人遵道遵義遵正遵直遵訓遵範皆力學女一人適同郡李騏亦先卒孫男三人祺禧祥孫女六人長未適人次適翁嘉謀次適李驊餘尚幼子孫詵詵皆餘慶之所致也銘曰

學足以潤身學成而屋不潤才足以勝任才大而任不勝此特人爵之虛稱孝友
施於家善無小而不積忠信施於人聲無遠而不聞此乃天爵之甚眞官之九品
而屋之所潤者至微位之簿丞而任之所勝者尤輕天爵脩矣而人爵之所靡者
胡爲於要路未聞其飛英豈恥求自售不媚皂鄒豈行藏用舍由天而不由人

○五五　朱世則女朱艮女墓誌銘　宋紹興三十一年（1161）十一月十七日

［誌文］

宋故朱艮女墓誌銘」

朱艮女，四明鄞人，將仕郎諱世則其父，何氏」其母也。生於紹興十六年丙寅六月初一日，」而卒於庚辰十一月十有四日也。艮女早惠，比」長，動如禮法。朱氏故家會稽，其旁貫鄞者尤」盛大，而艮女獨秀閨房，故父母愛之至。業已」許嫁貴游，議行矣，遂亡，曾以其美而止於此」也，故父母痛之切。明年十一月十七日，葬以」通遠鄉建嶼之原。予以館生，銘之。

吉而固，徂爾千載。嗚呼！是維艮女之墓。」

陳留張良臣撰并書。」

李顏刊。」

［按語］

2018年6月慈溪市博物館徵集。誌石高71.5、寬47.5、厚9.5厘米。

誌文正書，共12行，滿行17字。

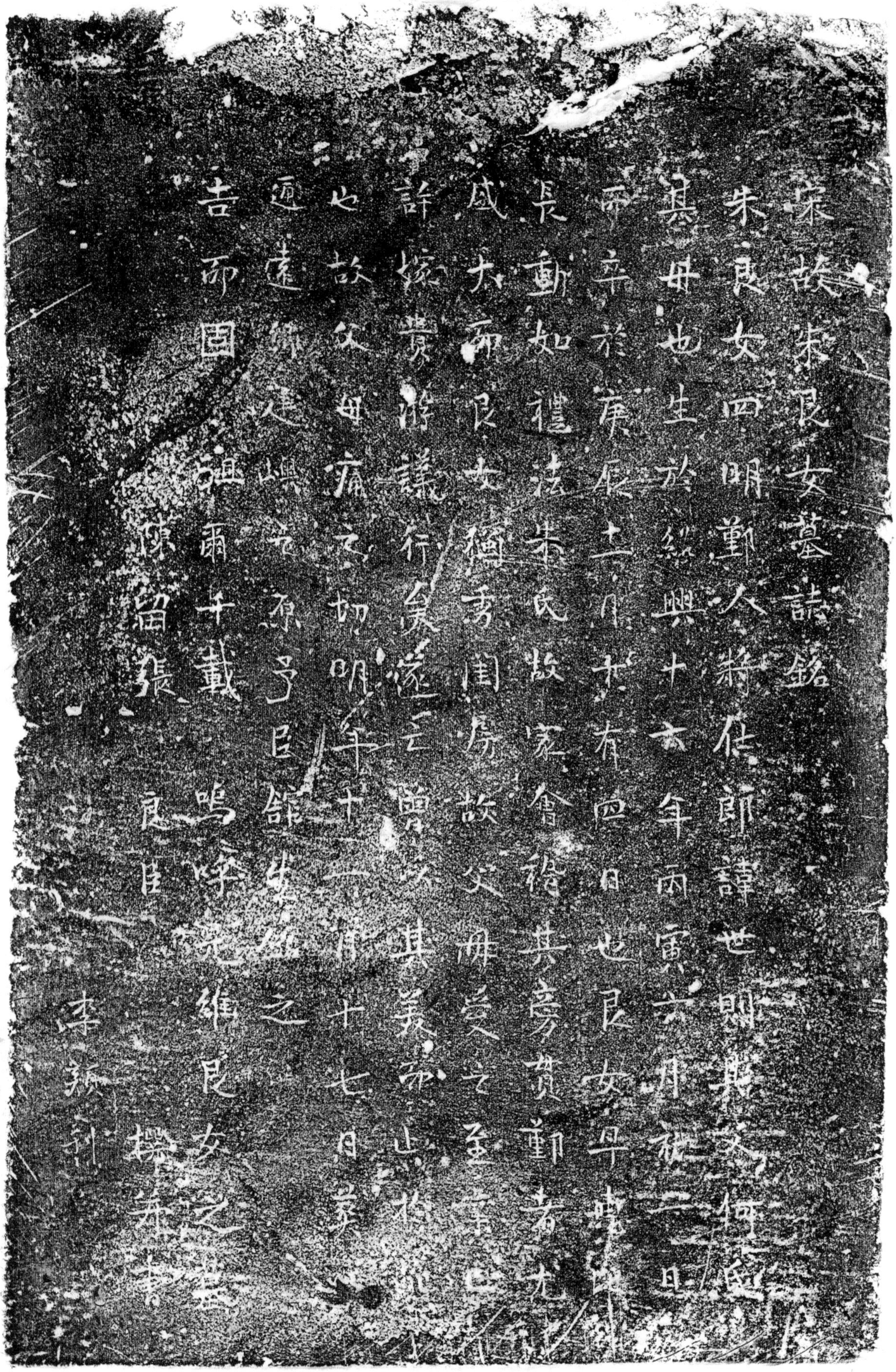

宋故朱艮女墓誌銘
朱艮女，四明鄞人，將仕郎諱世則與恭人何氏
其母也。生於紹興十六年丙寅六月初二日，
而卒於庚辰十一月廿有四日也。艮女早慧[illegible]
長，動如禮法。朱氏故家會稽，其高貴鄞者光[illegible]
盛大，而艮女獨秀閨房，故父母愛之至。宗[illegible]
許嫁貴游，議行矣，遂亡。曾以其義亦止於此
也，故父母痛之切。明年十一月十七日葬
通遠鄉逃人嶼之原。予已銘[illegible][illegible]之
吉而固，[illegible]爾千載。嗚呼！兆維艮女之墓
[illegible]留張良臣撰并書
李穎刊

○五六　馮慶妻王氏墓誌銘 宋淳熙三年（1176）四月十日

［額文］

宋故」王氏」夫人」墓銘」

［誌文］

有宋王氏夫人墓銘」

進士蕭世功撰」

進士吳雲翼書」

夫人姓王氏，系出渝水欽若之後，今爲臨江新淦人，前録事馮君慶」瑞卿之妻也。夫人自幼好卓立，其父愛此女之聰慧，擇所宜從，見録」事之端方敦厚，可爲鄉曲表，遂以歸之。既歸，能承其夫，以敬事其舅」姑，以禮接其族姻，故馮氏内外宗姻，莫不敬而愛之。時夫録事佐邑」宰十餘年，凡益己利人事，夫人性好而力行之。或嫁娶未畢，死葬無」歸，不能自存者，隨宜推濟，惟恐失所，里巷之間，至今德焉。淳熙二年」十月十八日向夕，進諸子而告之曰："吾年五十有四，不爲不壽，體若」有疾，今將去子矣。觀我家輯睦，必有顯者，惜不及見。子孫勉之，爲我」身後之榮可也。"退寢而逝。子六人：汝弼、汝舟、汝明、汝楫，出家慈濟、行」澄。女二人，長女及慈濟僧先夫人亡，次女在室。男孫三人：待舉，餘未」名，乳名道保、詹行。女孫三人。卜以三年四月十日，葬于欽風鄉七里」井地名小金坑。余因踵門而吊焉，馮君遂請其銘。余與馮君既同桑」梓，又忝葭莩，則知夫人内行詳且悉矣，義不可辭，故爲之銘。其銘曰：」

吁嗟夫人，四德獨純。儉以治家，孝以事親。」年登六九，遽爾潛身。蕃衍盛大，在其子孫。」

［按語］

2018年11月慈溪市博物館徵集。誌石高67、寬33、厚3.8厘米。

題額正書4行，行2字；誌文正書，共18行，滿行26字。

宋故王氏夫人墓銘

有宋王氏夫人墓銘

進士蕭　世功撰

進士吳　雲翼書

夫人姓王氏系出渝水欽若之後今爲臨江新淦人前錄事馮君憂
瑞卿之妻也夫人自幼好卓立其父愛此女之聰慧擇所宜從見錄
事之端方敦厚可爲鄉曲表遂以歸之既歸能承其夫以敬事其舅
姑以禮接其族姻故馮氏内外宗姻莫不敬而愛之時夫錄事佐邑
宰十餘年凢益已利人事夫人性好而力行之或嫁娶未畢死葬無
歸不能自存者隨宜推濟惟恐失所里巷之間至今德焉淳熙二年
十月十八日向夕進諸子而告之曰吾年五十有四不爲不壽躰若
有疾今將去子矣觀我家輯睦必有顯者惜不及見子孫勉之爲我
身後之榮可也退寢而逝子六人汝弼汝舟汝明汝楫出家慈濟行
澄女二人長女及慈濟僧先夫人亡次女在室男孫三人侍舉餘未
名乳名道保詹行女孫三人卜以三年四月十日葬于欽風鄉七里
井地名小金坑余因踵門而吊焉馮君遂請其銘余與馮君既同桑
梓又忝葭莩則知夫人内行詳且悉矣義不可辭故爲之銘其銘曰

吁嗟夫人　四德獨純　儉以治家　孝以事親
年登六九　遽爾潛身　蕃衍盛大　在其子孫

○五七　馮慶妻王氏地券 宋淳熙三年（1176）四月十日

［額文］

宋故王氏夫人地券

［券文］

維皇宋淳熙三年歲次丙申四月丙」子朔初十日乙酉，江南西路臨江」軍新淦縣文昌坊新尼寺前街南居」住歿故王氏夫人，本命壬寅十一月」二十三日丑時建生，享年五十四歲，」於淳熙二年乙未歲十月十九日傾」逝。但亡人生處閻浮，死安宅兆，謹投」龜筮叶從，相地習吉，宜於本縣欽風」鄉歸仁里二十六都地名小金坑安」厝。謹用錢財萬貫、五色綵信幣帛等，」就皇天父邑社主邊買得艮山丁未」向地一穴安厝。東止甲乙青龍，西止」庚辛白虎，南止丙丁朱雀，北止壬癸」玄武，内方戊己勾陳，分圍四域，永作」千年山宅。墓伯丘丞，各守界畔，道路」將軍，不得干犯，千秋百歲，永無殃咎。」若有干犯，河軍主者、將軍亭長，收付」河伯行令。則地各相交付，安厝已後，」永保康寧，故炁邪精，不得干悮。若先」有居者，永逃万里。如違此約，地券主」者自當其禍，主人内外存亡安吉。急」急如五帝青女律令。」

知見歲月主者，保見今日直符，」書契功曹，讀契主簿，」買地王氏夫人。」

［按語］

2018年11月慈溪市博物館徵集。券石高32.5、寬46、厚4厘米。

題額正書，横向單行8字；券文正書，共25行，滿行14字。

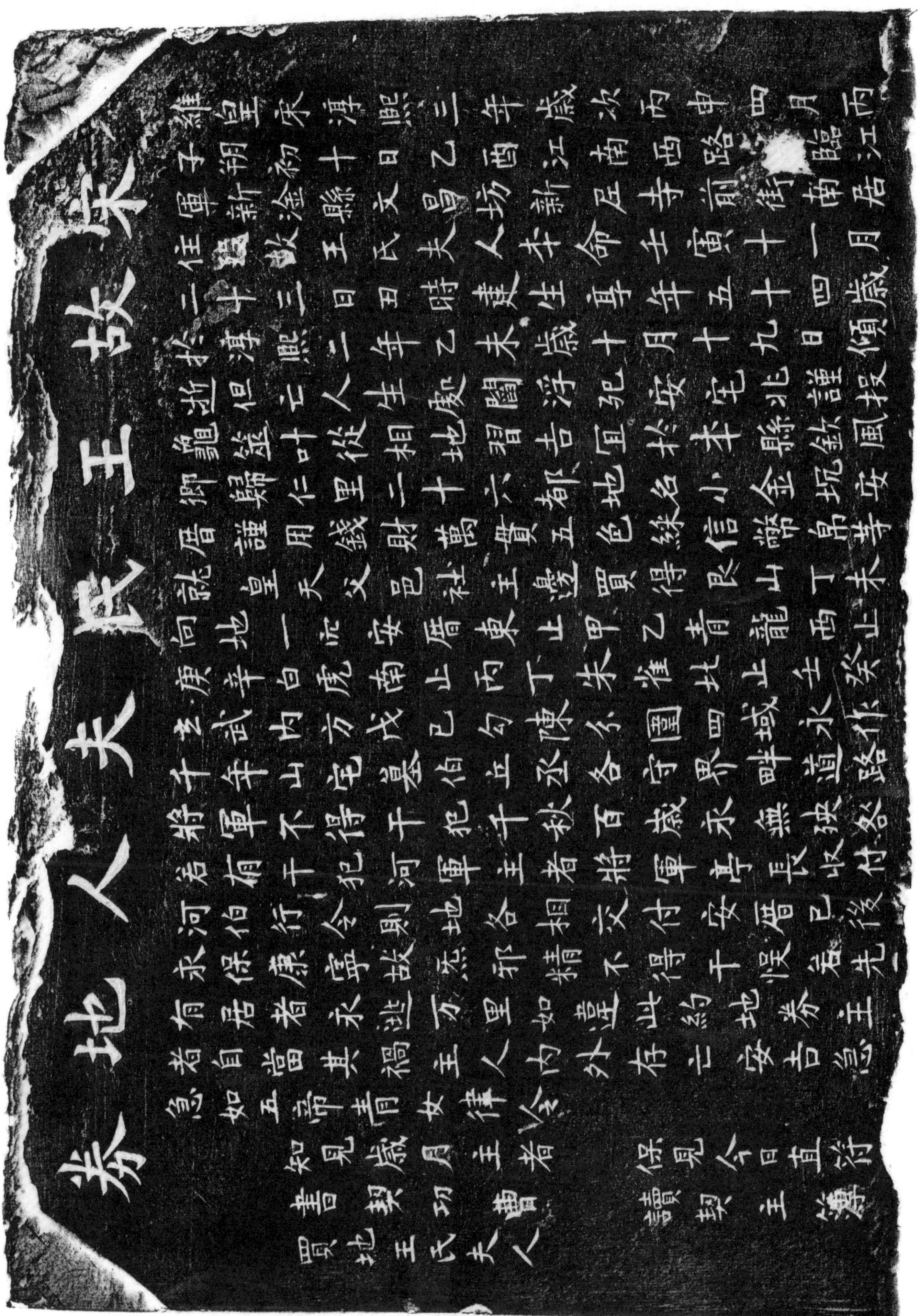
宋故王氏夫人地券

〇五八　高克明妻徐氏墓誌 宋淳熙四年（1177）

［誌文］

□□□□□□□□□□□□□母劉氏。大觀丙戌[1]五月六」□□□□□□□歸同里高克明，見任通直郎致仕。紹興」□□□□□□□興□申，以子翥該郊恩，封孺人。乾道」□□□□□□□封□人。淳熙丙申，子宗商該太上慶」□□□□□□□十□月八日卒于昌國官舍，享年七十」□□□□□□□□□□會稽縣五雲鄉青山灣之原。生三」□□□□郎□□行在左藏南上庫，先宜人四年卒；權」□□□□□□□郎、明州昌國縣主簿。一女，適葉朝顯，早」□□□□□□□□潘定。孫男五人：俯，將仕郎；偉；侃；俛；偃。」

［按語］

2017年12月慈溪市博物館徵集。誌石高76、寬33、厚11厘米。

誌文正書，共9行，滿行約22字。

誌石上半因受侵蝕，文字不存，誌主姓氏、卒葬年月均失。其夫高克明（淳熙九年卒）墓誌藏會稽金石博物館，紀其婚配云："娶徐氏，累封宜人，先公五年卒。"則本誌主人當爲徐氏，卒於淳熙四年（1177）。

---

［1］大觀丙戌，宋大觀無丙戌年，當是崇寧丙戌（五年）之誤，爲徐氏生年。其夫高克明生於崇寧五年（1106），其墓誌亦誤作"大觀丙戌"。參紹興市檔案局（館）、會稽金石博物館編：《宋代墓誌》，西泠印社出版社，2018年，第94—95頁。

[illegible]大觀丙戌五月廿
[illegible]明[illegible]通直郎致仕紹興
[illegible]子翁該　郊恩封孺人乾道
[illegible]淳熙丙申孝宗裔該　太上慶
[illegible]八日卒于昌國官舍享年七十
[illegible]鄞縣五雲鄉青山灣之原生三
[illegible]左藏南上庫先宜人四年卒權
[illegible]昌國縣主簿一女適葉朝顯早
[illegible]男五人俛將仕郎偉侃俛偓

○五九　趙不愶妻沈惠真墓銘 宋淳熙五年（1178）九月十三日

［誌文］

有宋太夫人沈氏墓銘」

先夫人姓沈氏，諱惠真，世家錢塘，爲杭人。父」諱佐，以宦遊京師。靖康初，金人躪中原，道梗」不知所終。夫人幼獨育於母劉氏，故曾王」父母、王父母名氏皆無所考質。及笄則歸我」先君，是爲故主管台州崇道觀武翼公諱不」愶之妻，從義郎善謩、忠訓郎善諧、保義郎善」釭、善灃之母。夫人蚤警悟，玄門梵宗，咸踋」其奥。逮事祖妣曹夫人，旦莫眎起居惟謹，」膳食非親調不進，有疾則慘戚不安，晝食惟」一粥，昔[1]不寐，疾良瘉乃已。曹夫人終，夫」人毀瘠，幾不任。尸趙氏祀事五十餘年，正内」外，睦姻族，愉愉怡怡，人無異辭，然亦未嘗妄」咲語。壽七十有二，得疾七日，初若無所苦者，」以淳熙戊戌閏六月初十日弃代，距先君」適十五載。女一人，未嫁而卒。孫男五人：長汝」劼，承信郎；次汝勣、汝助、汝飭、汝勁，皆習進士」舉。女孫七人，長適進士童安上，次適進士諶」夢松，餘未嫁。曾孫五人：長崇大，次崇正，餘皆」女子。族議以其年九月十三日癸酉吉，歸藏」於南豐縣西原師子岡之陽方石之陰，盖」夫人嘗親相視以命善謩等筮之宜，且從治」命。襄事有期，法當有所識以内諸幽堂，於是」忍死叙實以刻之石。天崩地摧，五内分裂，言」不成文，先事五日，孤哀子趙善謩泣血書。」

［按語］

私人藏誌。拓片高42、寬71厘米。

誌文正書，共25行，滿行17字。

［1］昔，同“夕”。

有宋太夫人沈氏墓銘

先夫人姓沈氏諱惠真世家錢塘為杭人父諱佐以官遊京師靖康初金人蹦中原值梗不知所終　夫人幼獨育於母劉氏故曾王父母王父母名氏皆無所攷質及笄則歸我先君是為故主管台州崇道觀武翼公諱不惛之妻從義郎善謩忠訓郎善諧保義郎善釭善澧之母　祖妣曹夫人蚤警悟玄門梵宗咸敂其與逮事　夫人旦莫眂起居惟謹膳食非親調不進有疾則慘感不安晝食惟一粥昔不寐疾良瘉乃已　曹夫人終　夫人毀瘠幾不任尸趙氏祀事五十餘年正內外睦姻族愉愉怡怡人無異辭然亦未嘗妄咲語壽七十有二得疾七日初若無所苦者以淳熙戊戌閏六月初十日弃代距　先君適十五載女一人未嫁而卒孫男五人長汝劼承信郎次汝勳汝助汝飭汝勁皆習進士舉女孫七人長適進士童安上次適進士諶夢松餘未嫁曾孫五人長宗大次宗正餘皆女子族議以其年九月十三日癸酉吉歸藏於南豐縣西原師子岡之陽方石之陰蓋、夫人嘗親相視以命善謩等筮之宜且從治命襄事有期法當有所識以內諸幽堂於是忍死叙實以刻之石天崩地摧五內分裂言不成文先事五日孤哀子趙善謩泣血書

○六○ 鄧人傑墓誌銘 宋淳熙十一年（1184）三月十三日

［篆額］

宋故」鄧國」士墓」誌銘」

［誌文］

宋故鄧國士墓誌銘」

臨川張淮撰」

吾友鄧人傑，齒未冠而冠，且字曰國士，撫之臨川人。四世祖考甫，熙豐間仕神宗爲監察御」史。曾祖名世，召自布衣，終著作郎。祖椿年，故不仕，自號應齋先生。父興仁，字樂山，未仕，學問淵」源，殆有祖風，爲搢紳所重，娶唐氏。初，國士之未生也，父母苦久無嗣，禱于后土，已而有娠。逮國」士生，姿貌俊爽，眉目如畫，四歲入學，穎異絶倫，迺祖洎伯叔祖偉其不凡，僉曰："真吾家之瑞也，」桂林一枝，崑山片玉，殆謂此爾。"稍長，日誦數千言，六經史傳、諸子百家通習之，蚤夜孜孜，不煩」師訓，皆自解其義。十歲許，已能文，下筆成章，十二三而舉子業皆就。詞賦尤極精麗，雕蟲之巧、」凌雲之氣，殊有可觀，作詩必爲驚人語。自弱不好弄，雖當休澣，群兒聚嬉，國士獨否，惟以學書」爲事。尤致意於紫微張公字法，間遇得意，手和墨調，頃刻書紙百番不倦，其體遂逼真。居嘗謂」諸叔曰："人傑異日登科，必躐卿監，簿尉捶楚，有所耻爲。"嘗因醮作疏語，有"早收功於筆硯，益光」大於門閭"之句，此其志可見矣。祖母夫人在堂，朝夕承順無違，讀書一歸，必見省問，祖母夫人」甚憐之。諸姑伯叔間奉事益謹，其相愛亦莫不然。且爲人温克，甚通世務。不幸於淳熙甲辰二」月六日以疾卒，得年止十有六。臨終若有所顧視而不瞑，乃父拊而告之曰："吾固不忍捨子，子」豈忍弃我者，然命也至此，無可奈何。吾當極力於世俗之所謂薦擢者，冀萬有一效，或可再爲」父子。"乃瞑。其竟死也，親屬内外悼其不永，環視而哭，至於失聲，朋舊比比，相顧搤擊，不謂遽止」此也。去年冬，方締婚豐城士族王氏，娉定一月有奇而國士云亡，親朋悉歸咎于此。余今歲謬」當師席，政喜有此英俊，夫何交一臂而遽失之，爲之慟哭者累日。噫！顔子好學而夭，聖人惜其」秀而不實；童烏能與太元，揚子惜其育而不苗。古今不同，才質隨異，國士雖未可上肩二子，至」於夭而可惜，亦二子等比。吁，可痛哉！樂山今年四十，生業甲于里閈，前年夏四月失妃，有子二」人，女方歲再周，男即國士也，國士母服未除而繼逝。今樂山煢然獨立，人生之窮，一至於此，其」亦可傷也已。卜以其年三月十三日壬寅葬于明賢鄉交原。樂山痛其子之弗壽，思得誌其大」槩，前期，請銘于淮，義不獲辭，既誌，又爲之銘。銘曰：」

父母之心，莫愛於子，無能者固不可彼，而賢者宜以喜。何造物者既予之生，復」奪之死，秀而不實，夫孰測其理？吾將問於彼蒼，而彼蒼不吾邇。嗚呼噫嘻！姑付」之無可奈何而已矣。

盧澄刊。」

［按語］

江西撫州市王安石紀念館藏誌。石圓首，高100、寬62.5、厚3厘米。篆額4行，行2字；誌文正書，共26行，滿行36字。

宋故鄧國士墓銘

宋故鄧國士墓誌銘

臨川張淮撰

吾友鄧人傑齒未冠而冠且字曰國士撫之臨川人四世祖考甫熙豐間仕神宗為監察御
史曾祖名世召自布衣終著作郎祖椿年故不仕自號應齋先生父興仁字樂山未仕學問淵
源殆有祖風為搢紳所重娶唐氏初國士之未生也父母苦久無嗣禱于后土已而有娠逮國
士生姿貌俊爽眉目如畫四歲入學穎異絕倫迺祖洎伯叔祖偉其不凡僉曰真吾家之瑞也
桂林一枝崑山片玉殆謂此爾稍長日誦數千言六經史傳諸子百家通習之蚤夜孜孜不傾
師訓皆自解其義十歲許已能文下筆成章十二三而舉子業皆就詞賦尤極精麗雕蟲之巧
凌雲之氣殊有可觀作詩少為驚人語自弱不好弄雖當休澣群兒聚嬉國士獨否惟以學書
為事尤致意於紫微張公字法間遇得意手和墨調煩刻書紙百番不倦其體遂逼真居嘗謂
諸叔曰人傑異日登科必蹤鄉監簿尉捷楚有所恥為嘗因雕作疏語有早收功於筆硯益光
大於門閭之句此其志可見矣祖母夫人在堂朝夕承順無違讀書一歸必見省問祖母夫人
甚憐之諸姑伯叔間奉事益謹其相愛亦莫不然且為人溫克甚通世務不幸於淳熙甲辰二
月六日以疾卒得年止十有六臨終若有所顧視而不瞑乃父拊而告之曰吾固不忍捨子子
豈忍弃我者然命也至此無可奈何吾當極力於世俗之所謂薦擢者冀萬有一効或可再為
父子乃瞑其竟死也親屬內外悼其不永環視而哭至於失聲朋舊比比相顧搤腕不謂遽止
此也去年冬方締婚豐城士族王氏娉定一月有奇而國士云亡親朋悉歸咎于此余今歲謬
當師席政喜有此英俊夫何交一臂而遽失之為之慟哭者累日噫顏子好學而夭聖人惜其
秀而不實童烏能與太玄揚子惜其育而不苗古今不同才質隨異國士雖未可上肩二子至
於夭而可惜亦二子等比吁可痛哉樂山今年四十生業甲于里閈前季夏四月失妣有子二
人女方歲再周男即國士也國士母服未除而繼逝今樂山煢然獨立人生之窮一至於此其
亦可傷也已卜以其年三月十三日壬寅葬于明賢鄉交原樂山痛其子之弗壽思得誌其大
槩前期請銘于淮義不獲辭既誌又為之銘銘曰

父母之心莫愛於子無能者固不可彼而賢者宜以喜何造物者既予之生復
奪之死秀而不實夫孰測其理吾將問於彼蒼而彼蒼不吾邇嗚呼噫嘻姑付
之無可奈何而已矣

盧溢刊

宋故鄧國士墓誌銘

臨川張淮撰

吾友鄧人傑齒未冠而冠且字曰國士撫之臨川人四世祖考甫熙豐間仕神宗爲監察御
史曾祖名世召自布衣終著作郎祖椿年故不仕自號懲齋先生父興仁字樂山未仕學問淵
源殆有祖風爲搢紳所重娶唐氏初國士之未生也父母苦久無嗣禱于后土已而有娠逮國
士生姿貌俊爽眉目如畫四歲入學穎異絕倫迺祖洎伯叔祖偉其不凡僉曰真吾家之瑞也
桂林一枝崑山片玉殆謂此爾稍長日誦數千言六經史傳諸子百家通習之蚤夜孜孜不煩
師訓皆自解其義十歲許已能文下筆成章十二三而舉子業皆就詞賦尤極精麗雕蟲之巧
凌雲之氣殊有可觀作詩必爲驚人語自弱不好弄雖當休澣群兒聚嬉國士獨否惟以學書
爲事尤致意於紫微張公字法間遇得意手和墨調頃刻書紙百番不倦其體遂逼真居嘗謂
諸叔曰人傑異日登科必躐鄉監簿尉捷楚有所恥爲嘗因醮作疏語有早收功於筆硯益光
大於門閭之句此其志可見矣祖母夫人在堂朝夕承順無違讀書一歸必見省問祖母夫人
甚憐之諸姑伯叔間奉事益謹其相愛亦莫不然且爲人溫克甚通世務不幸於淳熙甲辰二
月六日以疾卒得年止十有六臨終若有所顧視而不瞑乃父拊而告之曰吾固不忍捨子子
豈忍弃我者然命也至此無可奈何吾當極力於世俗之所謂薦擢者冀萬有一効或可再爲
父子乃瞑其竟死也親屬內外悼其不永環視而哭至於失聲朋舊比比相顧搤擘不謂遽止
此也去年冬方締婚豐城士族王氏娉定一月有奇而國士云亡親朋悉歸咎于此余今歲謬
當師席政喜有此英俊夫何交一臂而遽失之爲之慟哭者累日噫顏子好學而夭聖人惜其
秀而不實童烏能與太玄揚子惜其育而不苗古今不同才質隨異國士雖未可上肩二子至
於夭而可惜亦二子等比吁可痛哉樂山今年四十生業甲于里閈前季夏四月失妣有子二
人女方歲再周男即國士也國士母服未除而繼逝今樂山煢然獨立人生之窮一至於此其
亦可傷也已卜以其年三月十三日壬寅葬于明賢鄉交原樂山痛其子之弗壽思得誌其大
槩前期請銘于淮義不獲辭既誌又爲之銘銘曰

父母之心莫愛於子無能者固不可彼而賢者宜以喜何造物者既予之生復
奪之死秀而不實夫孰測其理吾將問於彼蒼而彼蒼不吾邇嗚呼噫嘻姑付

○六一　鄒舜臣墓誌銘 宋紹熙三年（1192）八月十六日

［額文］

有宋鄒將仕墓誌銘

［誌文］

有宋鄒君將仕墓誌銘」

朝奉大夫權知興化軍兼管内勸農事賜緋魚袋趙師俠撰」

承議郎新除御史臺主簿彭龜年書并蓋」

鄒君諱舜臣，字虞卿，世居臨江之新淦。曾大父琦，大父壽，皆隱德不仕。考曰仁，」敕授吉州助教，以樂善稱鄉里。君爲助教之長子。從祖承議公洵武中元豐八」年進士第，嘗謂助教公曰：“吾以力學至此，汝輩當嚴於教子。”故君幼被父師之」訓，有場屋志，雖於名無成，而所存者遠。紹興丙子歲，江淮告旱，公廪亡贏，君輸」家財以助糴，恩授將仕郎。還至番陽，郡守唐公嘉其誼，請攝尉樂平。檄至，君」曰：“吾久無仕進意，尚安用此眩閭里耶？”力辭亟去。湖湘之帥、蒼梧之守聞之，欲」争辟致公府，君一切謝之。乃即所居之江滸，結亭館以挹山水之勝，屏絶囂塵，」日延師友賓客，琴書相娱，間與賢士大夫旬集乎其間，杯觥酬唱，優游以卒歲。」先後以劉季德、吴仲和之女爲配。男三人：孟曰宗説，娶大夫王鐔之女，先君卒；」仲夢白，迺吾先叔監嶽伯揆之壻；季濤，將仕則出爲其弟後也。長女適司□□」子董世麟，次適金部之孫郭綎。孫男曰孟友。孫女二，尚幼。紹熙改元八月廿八」日，君以疾卒于正寢，年六十有三。

蓋君自弱齡居助教君之喪，弟妹尚童齔，獨」力營葬，與母聶氏拊鞠諸孤，幼則爲擇師姆，長則爲厚裝聘。三十餘年，貲産數」倍於父在，均析之後，二弟各有良田衍産，君獨不留私蓄。繇其天資長於幹蠱」而能樂施，親戚不能嫁者嫁之，鄉曲不勝喪者喪之，有志于學而力不足者，□」家塾處之。寒士及門，罔弗延接，緇黄之流，隨緣以施。充此心以至荒餒流人，不」吝賑粟，遂能大振江淮之飢。而性則謙和樸直，處嫠母、弟妹無間言，故所以待」夫人者亦無傲容忤色，有活濟之功而不求表異之名。嗚呼！行立一鄉，所裨於」人者若是，仕而行道，其利澤也當不一書矣夫。三年，夢白將以八月十六日丙」辰葬于峰崗陂山之原，伻来乞銘，予實姻也，莫之辭。銘曰：」

青青其苉，生于陂山。表碏之玉，鏟采其間。焄蒿所發，若施之而弗望其還。噫！」

［按語］

2018年11月慈溪市博物館徵集。誌石高81、寬59、厚3厘米。

題額隸書，横向單行8字；誌文正書，共24行，满行30字。

有宋鄒將仕墓誌銘

有宋鄒君將仕墓誌銘

朝奉大夫權知興化軍兼管內勸農事賜緋魚袋趙　師俠　撰

承議郎新除御史臺主簿彭　龜年　書并蓋

鄒君諱舜臣字虞卿世居臨江之新淦曾大父琦大父壽皆隱德不仕考曰仁
勑授吉州助教以樂善稱鄉里君為助教之長子從祖承議公洵武中元豐八
年進士第嘗謂助教公曰吾以力學至此汝輩當嚴於教子故君幼被父師之
訓有場屋志雖於名無成而所存者遠紹興丙子歲江淮告旱公廩亡贏君輸
家財以助糴　恩授將仕郎還至番陽郡守唐公嘉其誼請攝尉樂平檄至君
曰吾名無仕進意尚安用此眩閭里耶力辭丞去湖湘之帥蒼梧之守聞之欲
爭辟致公府君一切謝之乃即所居之江滸結亭館以攬山水之勝屏絕囂塵
日延師友賓客琴書相娛間與賢士大夫旬集乎其間杯觴酬唱優游以卒歲
先後以劉季德吳仲和之女為配男三人孟曰宗說要大夫王鐔之女先君卒
仲夢白迺吾先叔監嶽伯揆之壻季濤將仕則出為其弟後也長女適司
子董世麟次適金部之孫郭經孫男曰孟友孫女二尚幼紹熙改元八月廿八
日君以疾卒于正寢年六十有三葢君自弱齡居助教君之喪弟妹尚童齓獨
力營葬與母聶氏拊鞠諸孤幼時為擇師姆長則為娶婦聘三十餘年貲產數
倍於父在均析之後二弟各有良田衍產君獨不留私蓄繇其天資長於幹蠱
而能樂施親戚不能嫁者嫁之鄉曲不勝喪者喪之有志于學而力不足者
家塾廩之寒士及門罔弗延接緇黃之流隨緣以施充此心以至荒餧流人不
吝賑粟遂能大振江淮之飢而性則謙和樸直處婁母弟妹無間言故所以待
夫人者亦無傲吝忤色有活濟之功而不求表異之名嗚呼行立一鄉所裨於
人者若是仕而行道其利澤也當不一書矣夫三年夢白將以八月十六日丙
辰葬于峯嶺陂山之原伻來乞銘予實姻也義之辭銘曰
青青其莪生于陂山表磿之玉鐘采其間君萬所發若施之而弗逞其還遠

○六二　徐國寶妻程氏墓誌銘　宋開禧元年（1205）正月三日

［篆額］

宋故程氏墓銘

［誌文］

宋故儒〔孺〕人程氏墓誌銘」

縣學諭劉朝宗撰」

承直郎前峽州州學教授汪必進書」

朝請大夫前知荆門軍事賜紫金魚袋鄭如峦篆」

孺人卒，將卜歸窆，諸孤泣血以狀丐銘。余忝居鄰塾，夙聞淑德，故宜領命，用書」不朽之光。孺人程氏，廼信之鉛西出龍潭，生于程公六七評事之家閨也。粤自」承事國寶徐公伉儷之初，講議宗歸，未决猶豫，事於難父難兄之前，兢兢履冰，」未皇安迹，殊無負郭可耕，弊廬可庇，几杖器皿，觸事亡有。孺人性識高邁，朝思」夕計，孰若協志從事，勤儉理家，黽勉婦功，翼輔夫道。不事粧飾，不貴浮華，服雖」荆布，奚耻文繡，餉雖虀鹽，弗愧膏粱。朝枲暮絲，毓養諸産，積累錙銖，始終不怠。」雖稼穡艱難之業，抑嘗備歷，庶幾紀綱表裏，能盡相資之懿，由是寖成潤屋之」勳。屢進東皋，兩新甲第，益振家聲，福如川至。敬長慈幼，睦親厚族，秩秩有序。迨」夫主中饋，延賓客，隆師儒，訓子弟，綽有陶親、孟母之遺風焉。遇歉濟飢，蠲逋焚」券，應求樂施，貧窶患難，夫婦相勉，廣推實慧，凡纖悉及物之恩，未嘗一毫不滿」人意者，誠欲增築子孫福禄之基。淑儀懿行，凛然高播，比閭族黨，孰不歆羡。内」助之賢，絶無而僅有也。甲子暮冬，天清氣肅，儒〔孺〕人明達，悟死生去来，亡一言眷」顧，遽命沐浴，具衾裘，熟寐而逝，曾無頃刻衽席之恙。聞者無不撫膺慨歎，重惜」其没。寔嘉泰四年十二月十九日也，享年六十有九。先適進士王公，子一人，曰」寅，娶盧氏，紹熙改元遷徙外居。孫一人，曰遵，娶余氏。女孫一人，曰謾姊。儒〔孺〕人再適」承事徐公，子三人：曰政，娶楊氏；曰七八；曰韶，娶丘氏。二次早世。男孫二人：曰遇，」娶周氏；曰春郎。女孫三人：曰齋姊，曰寄女，曰新妹。閲明年正月初有三日辛酉，」葬于里之余渡。龍發坤离，坐兑向卯，元辰水歸巽過艮，由艮復巽，自巽復艮」長流，是得吉卜。余既書大槩，銘亦奚辭。銘曰：」

□範之畀，綽有餘裕。緊彼潤屋，誠出内助。」衆善所積，慧源廣布。俾壽而臧，無恙殁故。」始生龍潭，終窆余渡。慶流衮衮，高門廣路。」

［按語］

私人藏誌。誌石高 71、寬 59、厚 6.5 厘米。

篆額横向單行 6 字；誌文正書，共 26 行，滿行 30 字。

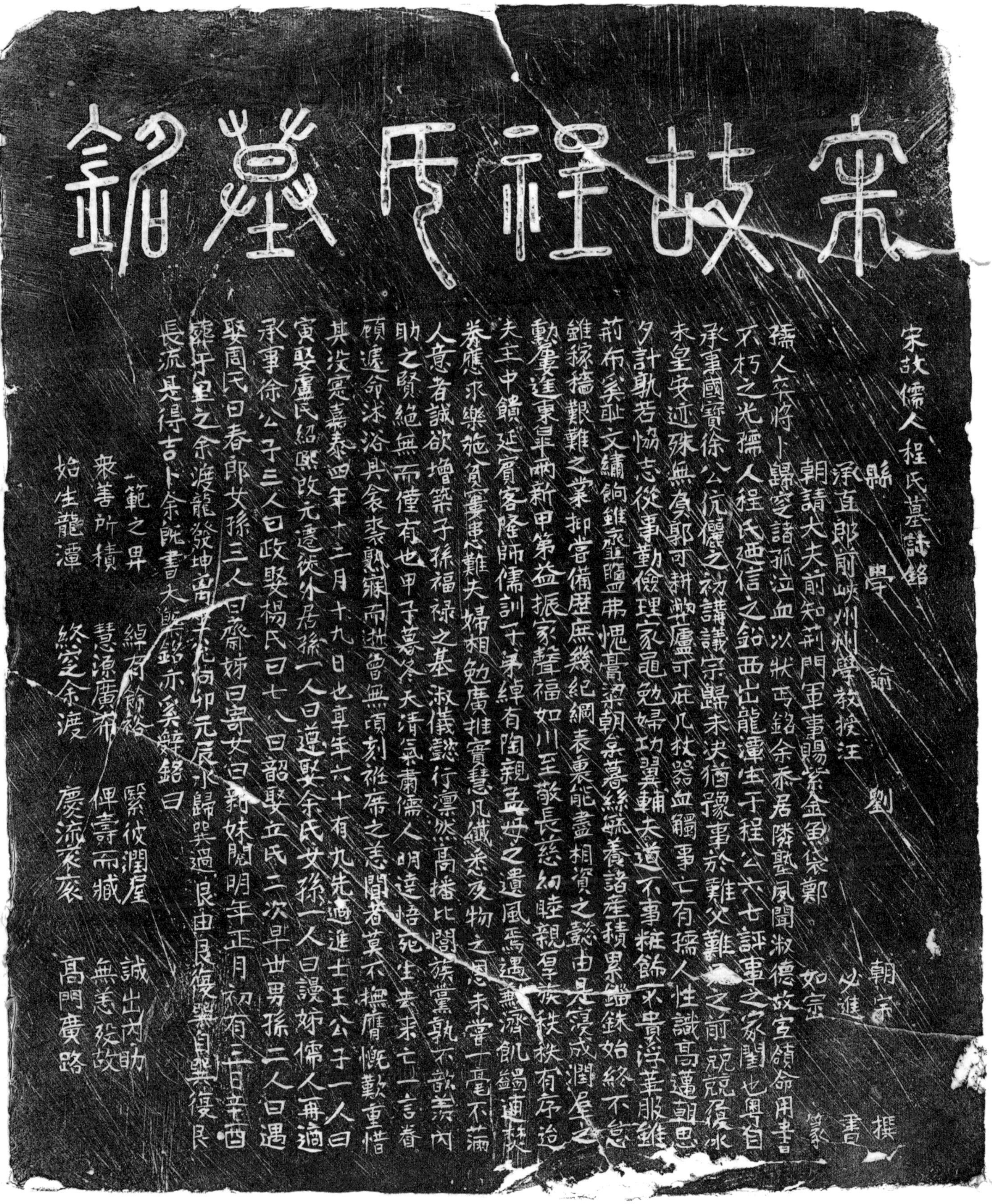

宋故程氏墓銘

宋故孺人程氏墓誌銘

縣學諭劉朝宗撰

承直郎前峽州州學教授汪必進書

朝請大夫前知荊門軍事賜紫金魚袋鄭如宗篆

孺人卒將卜歸窆諸孤泣血以狀丐銘余忝居隣塾夙聞淑德兹宜領命用書不朽之光孺人程氏廼信之鉛西出龍潭生于程公六七評事之家閨也粤自承事國寶徐公伉儷之初講議宗縣未決猶豫事於難父難之前兢兢履冰素皇安迹殊無負郭可耕弊廬可庇几杖器皿觸事亡有孺人性識高邁朝思夕計孰若協志從事勤儉理家黽勉婦功翼輔夫道不事粧飾不貴浮華服雖荊布奚恥文繡餉雖糲鹽弗愧膏粱朝衆暮絲毓養諸產積累錙銖始終不怠雖稼穡艱難之業抑嘗備歷庶幾紀綱表裏能盡相資之懿由是寖成潤屋之勳屢進東畢兩新甲第益振家聲福如川至敬長慈幼睦親厚族秩秩有序迨夫主中饋延賓客隆師儒訓子弟綽有陶親孟母之遺風焉遇歉濟飢鎰連楚眷應求樂施貧寠患難夫婦相勉廣推實慧凡纖悉及物之恩未嘗一毫不滿人意者誠欲增築子孫福祿之基淑儀懿行凜然高播比閭族黨孰不歆羨內助之賢絕無而僅有也甲子暮冬天清氣肅孺人明達悟死生去來亡一言眷顧遺命沐浴具衾裘熟寐而逝曾無頃刻淹席之恙聞者莫不撫膺慨歎重惜其歿寔嘉泰四年十二月十九日也享年六十有九先適進士王公子一人曰寅娶盧氏紹熙改元遷徙外居孫一人曰遵娶余氏女孫一人曰讓妳孺人再適承事徐公子三人曰政娶楊氏曰七八曰韶娶立氏二次早世男孫二人曰遇娶周氏曰春郎女孫三人曰蕊婗曰寄女曰莉妹閥明年正月初有三日辛酉藏于里之余渡龍發坤崗[illegible]向卯元辰水歸巽過艮由艮復巽自巽復艮長流是得吉卜余既書大槩銘亦奚辭銘曰

一範之畀　綽有餘裕　緊彼潤屋　誠出內助

衆善所積　慧源廣布　俾壽而臧　無恙殁故

始生龍潭　終窆余渡　慶流衮衮　高門廣路

○六三 徐國寶妻程氏地契 宋開禧元年（1205）正月三日

[額文]

程氏孺人地契

[券文]

宋故程氏孺人地契」

維開禧元年歲次乙丑正月建戊寅初一己未□初」三辛酉吉日，即有大宋國江南道東路信州鉛山」縣仁義鄉黄笋坑社居住奉佛三寶女弟子程氏」八十一娘，命是丙辰年八月十六日亥時降生，行年」六十九歲，乃徐氏孺人也。忽往南山采香花，歸宗供」養三寶，遇盧醫仙人賜酒一百盞，喫了嚎嚨大醉」不醒也。徐婆先在平生之日，自備錢八万八千八百」八十八貫，問木客買得棺木一具，四片皆全，乃爲陰」宅。用錢九万九千九百九十九貫九百文，問武夷地」主買得右名余婆渡陰地一穴，乃迁坤离来龍，兑山」爲主卯向，元辰水巽艮復巽艮長流也。其地東止甲」乙之嶺，南止丙丁之崗，西止庚辛之地，北止壬癸之」場，上止蒼天，下止九泉，中是亡魂陰宅。外有土下魅」神，不得乱來占。護人張堅姑，表人李定度。今依科」决太上老君給到地契爲憑。」

何人書？水中魚。何人讀？天上鶴。」鶴何在？非〔飛〕上天。魚何在？水中去。」

[按語]

私人藏契。契石圓首，高 65、寬 53、厚 9 厘米。

題額正書，横向單行 6 字；契文正書，共 18 行，滿行 20 字。

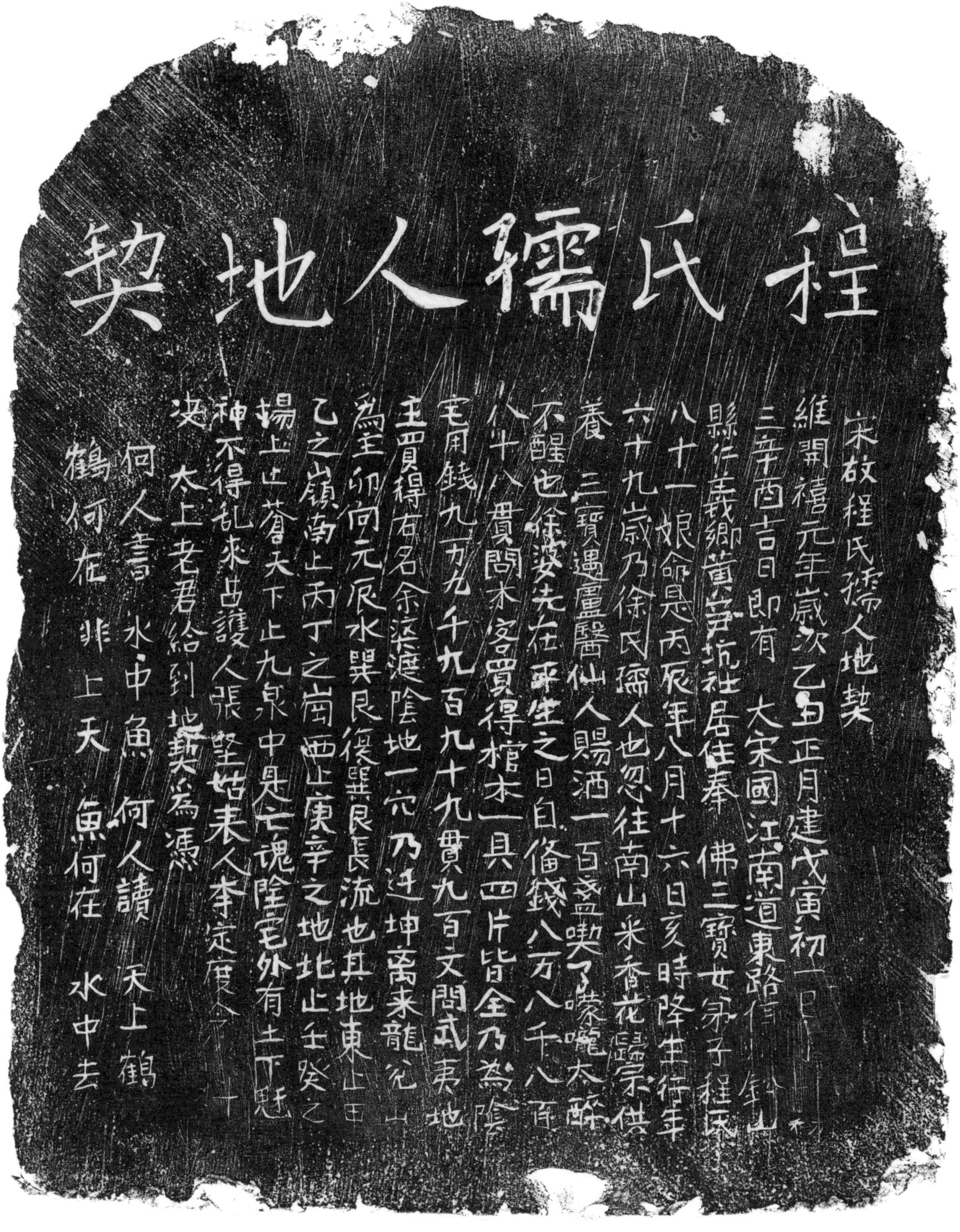

程氏孺人地契

宋故程氏孺人地契
維開禧元年歲次乙丑正月建戊寅初一日□□朔
三辛酉吉日即有　大宋國江南道東路信州鉛山
縣仁義鄉黃尖坑社居住奉　佛三寶女弟子程氏
八十一娘命是丙辰年八月十六日亥時降生行年
六十九歲乃徐氏孺人也忽往南山采香花歸崇供
養　三寶遇靈醫仙人賜酒一百盞喫了曚曨太醉
不醒也徐婆先在平生之日自備錢八万八千八百
八十八貫問木客買得棺木一具四片皆全乃為陰
宅用錢九万九千九百九十九貫九百文問武夷地
主買得右名余婆遷陰地一穴乃迁坤离來龍穴山
為至卯向元辰水巽艮復巽艮長流也其地東止田
乙之嶺南止丙丁之崗西止庚辛之地北止壬癸之
塲上止蒼天下止九泉中是亡魂陰宅外有土下魁
神不得乱來占護人張堅固表人李定度今十
没　太上老君給到地契為憑
何人書　水中魚　何人讀　天上鶴
鶴何在　飛上天　魚何在　水中去

〇六四　汪稽中生母墓誌 宋開禧元年（1205）三月二十五日

［誌文］

□□□□□□□□□元之定□人□□□不能家，遂委身汪氏，時方□十九。」閲□歳而生稽中，先妣太令人拊育稽中不啻己出，待遇所生厚於儕輩。」先叔母福國家範嚴整，多所委屬，皆合意嚮，信敬如賓。先兄監嶽尉婺源，到」官未幾，嫂氏遽亡，所生往任閫内之責，井井有條，人皆稱之。善龢見於辭色，」性質純厚，不事華飾，處己常自抑下，與人無所咈逆，妮孋觸忤，亦未嘗怒，心地」坦夷，了無畦町。聚族數百指，内外無間言，孩提之童，見亦知慕。晨餐以前，無非」佛事，飯已則羣從争相招致，爲依經馬之劇，竟日不倦。稽中未得嗣，先叔父」开府尚書命繼，所生愛養甚至，寢食同之。平居不敢干以一毫家務，生計□□，」用度不給，未免有關其心者，必捐篋笥所有爲助，一無吝惜。身殁之後□□□」服之衣而已。享年七十有四，飲食起居不減常時，耳聰目明，畧無衰羸之□□」謂感疾甚拙，醫療罔瘳。方病革，從弟主簿赴德安，問行期□曰："我亦當□是日」去。"自此不復出語，扣之則應，果以嘉泰四年十月十三日子時卒于正寢。屬纊」之際，不怛不亂，人知其爲善業之報。新婦馮氏。孫男之柄，孫女一人，未行□卜」于鄞縣桃源鄉西山之原，以開禧元年三月二十五日壬午襄奉。稽中不肖不」孝，父母俱亡，兄弟姊妹又皆凋喪，方與所生相倚爲命，天禍我家，遽□□」罰，何以生爲？嗚呼痛哉！生無以奉菽水之歡，死弗克盡送終之禮，人子之□□」□無憾，尚忍言之。重惟生平大槩，詎可隱没，謹泣血書其終始納諸壙□孝□」稽中記。

文林郎、新知江州彭澤縣丞趙師侊書諱。」

［按語］

私人藏誌。誌石高 60、寬 46、厚 9 厘米，右上角殘。

誌文正書，局部漫漶，共 18 行，滿行 30 字。

[illegible]元之定[illegible]以[illegible]翁家[illegible]妾身汪氏時方十九

院一扇府生稚中[illegible]先妣太令人撫育稚中[illegible]己出待遇所生厚於儕輩

先叔母福國家範嚴整多所[illegible]屬皆令[illegible]信敬如在先兄監嶽尉[illegible]

官未幾嫂氏遽亡所生往任閫內之責井井有條人皆稱之善[illegible]見[illegible]

性質純厚不事華飾處己常自抑下與人無所[illegible]逆妯娌間亦未嘗[illegible]

坦夷了無畦町聚族數百指內外無間[illegible]之童見亦知慕晨昏[illegible]前無[illegible]

佛事飯已則屏從[illegible]相稽致爲依經焉之[illegible]不待稽中來得歸六[illegible]

開府尚書命[illegible]所生愛養甚至寢食同之平居不敢干以一毫家務生計

用度不給亦免有關其心者又損篋笥所有爲助一無吝惜身後[illegible]

服之衣布已享年七十有四飲食起居一不减常時耳聰目明略無衰[illegible]

謂感疾甚拙醫療罔瘳方病革從弟主簿赵德安問行期[illegible]

去自此不復出語扣之則應累以嘉泰四年七月十三日[illegible]卒于正寢[illegible]

之際不恒不亂人知其爲善業之報新婦馮氏孫男之桐[illegible]一人未[illegible]

于鄞縣桃源鄉西山之原以開禧元年三月二十五日壬午[illegible]

孝父母俱亡兄弟姊妹又皆凋喪方與所生相倚爲命[illegible]

[illegible]以生爲鳴呼痛哉生無以奉菽水之歡死弗克盡送終之禮人

[illegible]無憾尚忍言之重惟生平大槩詎可隱沒謹泣血書其終始納諸壙

稽中記

文林郎新知江州彭澤縣丞趙師侊書諱

○六五　郁炳文妻姚氏壙記 宋嘉定六年（1213）二月十三日

［額文］

宋故亡妣姚氏壙記

［誌文］

亡妣姓姚氏，世居越之餘姚，尚書屯田郎甫之孫」也。生於宣和五年三月，天稟温純，屯田愛之，選壻」歸于先君。先君諱炳文，字貴全，業儒不偶，晚以」醫術自鳴，月多積金，亡妣悉以營舅姑之壟，四」時祭享，未嘗少闕。先君先娶朱氏，亡妣視前」母氏所生女厚於己，捐資妝以嫁遣，畧無靳色。平」居曲盡禮儀，以義方訓迪諸孤，故能和睦上下，内」外宗姻莫不稱賢。一旦得疾，命區處後事，翛然而」逝，實嘉定三年十一月二十七日也，享年八十有」八。生男四人：長叔贊，後亡妣二年亡；次叔質，先」亡妣九年亡；次叔員、叔賞，皆業儒。女二人：長適將」仕郎杜松年，正獻公諸孫也；次適忠翊郎、平江府」排岸趙若古。孫男十三人，孫女十人。將以嘉定六」年二月甲申，合葬于雙雁鄉黄山原先君之墓。」葬日薄，未能乞銘于人，姑叙歲月納諸壙云。

男郁」叔員、叔賞泣血謹記。」

［按語］

2017年12月慈溪市博物館徵集。誌石高59、寬49、厚10厘米。

題額正書，横向單行8字；誌文正書，共16行，滿行19字。

宋故亡妣姚氏壙記

亡妣姓姚氏世居越之餘姚尚書屯田郎甫之孫
生於宣和五年二月天稟溫純屯田愛之選擇
歸于先君先君諱炳文字貴全業儒不偶晚以
醫術自鳴月多積金亡妣悉以營舅姑之膳四
時祭享未嘗少闕先君先娶朱氏亡妣視前
母氏所生女厚於己捐資妝以嫁遣畧無靳色平
居曲盡禮儀以義方訓迪諸孤故能和睦上下內
外宗姻莫不稱賢一旦得疾命區處後事脩然而
逝實嘉定三年十一月二十七日也享年八十有
八生男四人長叔贇後亡妣二年亡次叔質先
亡妣九年亡次叔貞叔賞皆業儒女二人長適將
仕郎杜松年正獻公諸孫也次適忠翊郎平江府
排岸趙若古孫男十三人孫女十人將以嘉定六
年二月甲申合葬于雙鴈鄉黃山原先君之墓
葬日薄未能乞銘于人姑叙歲月納諸壙云男郁
叔貞叔賞泣血謹記

〇六六　葉冠妻林氏墓誌　宋嘉定十一年（1218）十二月二十二日

［誌文］

先妣林氏，世居麗水之官橋，雖瀔從之故家，」而父、祖俱以德隱。先君冠，外祖延年之甥也，」少爲外家器重，侍伯父少卿官中都，請冑」薦，繼捧鄉書。外祖尤益奇之，遂以先妣歸」焉。歸十年而先君不幸，先妣拊育諸孤，」佐理家政，奉舅姑敬，處妯娌和，守義不渝，族」見稱重。痛惟先妣禀性慈祥而賦分單嗇，」家雖饒足而居鮮懽豫。迨祖、父分異，一鳴力」任幹蠱，覬享菽水之奉。忽以微恙卒於嘉定」壬申十月二十九日，得年五十有三。嗚嘑痛」哉！越六年，始得卜于洪塘之尤岡，與祖塋相」望而近，將以戊寅十有弍月庚申襄大事。子」男乙人，一鳴。女二人，長適運使盧公之子子夔，任」慶元府録事參軍；次適殿院季公之孫應龍。孫」男壹人，女弍人。一鳴迫期未暇謁銘，姑忍死書」其歲月大略納諸壙。

孤哀子葉一鳴泣血謹誌。」

［按語］

2020年5月慈溪市博物館徵集。誌石高63、寬74、厚8.5厘米。

誌文隸書，共16行。

鄭嘉勵、梁曉華編《麗水宋元墓誌集録》（浙江古籍出版社，2013年）録有嘉定二年（1209）十二月《葉冠壙誌》，亦爲葉一鳴所撰，所不同者，《葉冠壙誌》言次女適季公之曾孫季應翔，兩者當有一誤。

先妣林氏世居麗水之官橋雖譜逸世故家
而父祖俱以德隱 先君冠外祖葉之甥也
少爲外家器重侍 伯父少卿官中都請胄
薦繼捧鄉書外祖尤益奇之遂以 先妣歸
焉歸五年而 先君不幸 先妣拊育諸孤
佐理家政奉舅姑敬愛妯娌和守義不渝族
黨稱重痛惟 先妣稟性慈祥而賦分單薄
家雖饒足而居鮮懽豫迨 祖父少卿異爨分
任幹蠱艱亨蒞北之奉忽以微恙卒於嘉定
壬申十月二十九日得年五十有三嗚呼痛
哉越六年始得卜于洪塘之左四與祖塋相
望而近將以戊寅二月有弍日庚申窆焉子
男七人一嗚女二人長適運使靁公之子子夔任
慶元府錄事參軍次適殿院季公之孫應龍孫
男壹人女弍人嗚迫期未暇謁銘姑恐紀書
其歲月大略納諸壙孤哀子葉一嗚泣血謹誌

〇六七　李小乙地券 宋嘉定十七年（1224）十月二十一日

［額文］

故李」小乙」解元」地券」

［券文］

大宋国江西撫州臨川縣李待時將藏」亡男李小乙解元之柩，得招賢鄉十五都地名」石下徐家山，陰陽家按鬼律云："葬不買地，是名」盗葬。"乃立券文：維亡男小乙解元，以嘉定甲」申六月初二日卒，於當年十月二十一日甲寅」巽時葬。謹竭哀誠，輸億兆緡弊〔幣〕於后土，市地一」區。後乘兑山，前爲卯向，左距青龍，右抵白虎，前」按朱雀，後極玄武，正位兆宅，有截其所。而今」而後，亡男小乙解元安厝，永爲真兆。天光發」靈，地德潤澤，安亡保存，億載無期。丘丞墓伯，巡」警衛護，罔象之属，或有干犯，幽亭主者，宜即按」罪施行。時管城公、楮先生、石丈人三友共成此」券，松大夫在傍知狀。急急如律令。」

鄒仲宣刊。」

［按語］

2017年12月慈溪市博物館徵集。券石圓首，高62、寬44、厚2厘米。題額正書4行，行2字；券文正書，共14行，滿行18字，末行4字隸書。

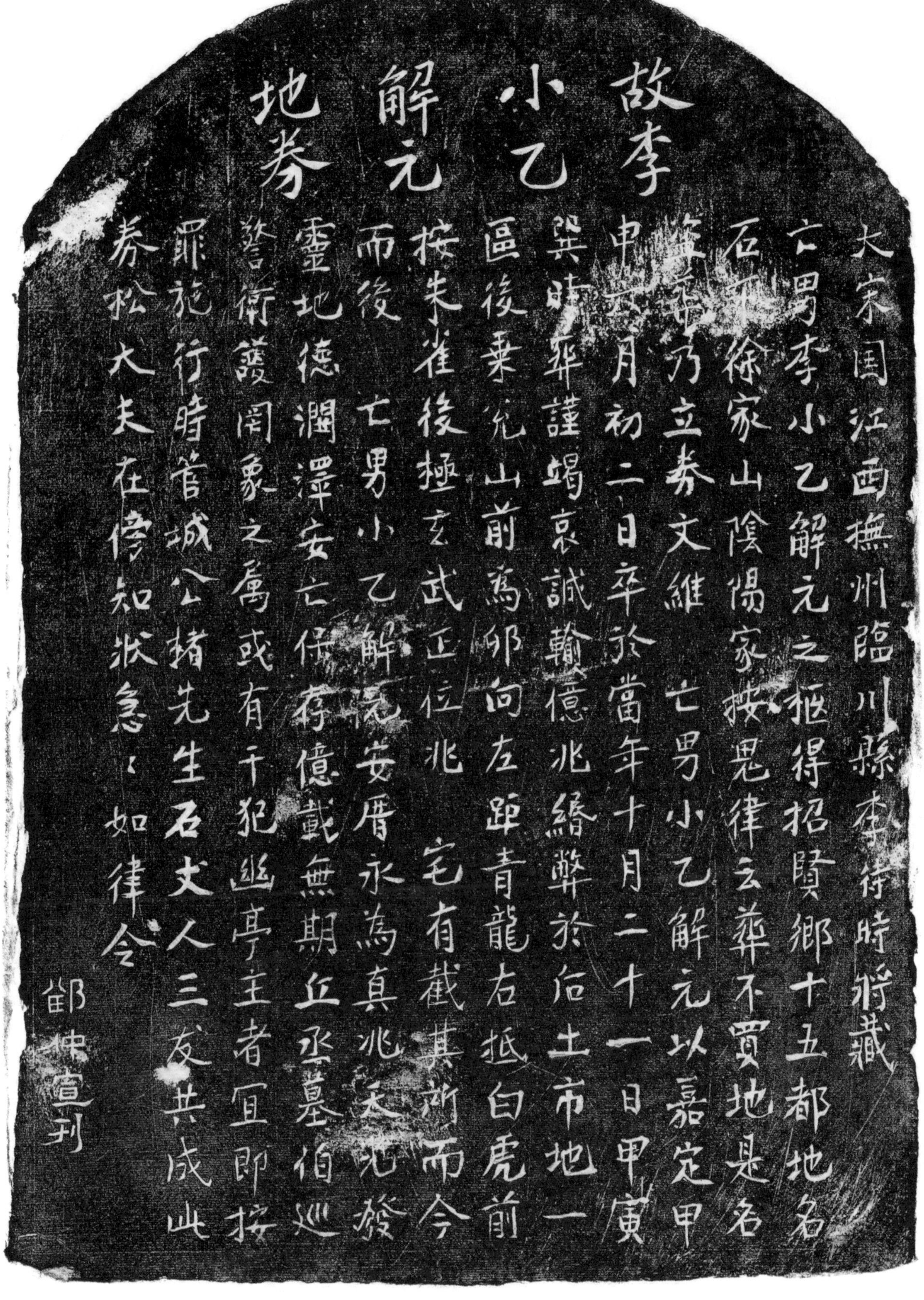

故李小乙解元地券

大宋國江西撫州臨川縣李待時將藏
亡男李小乙解元之柩得招賢鄉十五都地名
石井徐家山陰陽家按冢律云葬不買地是名
竊葬乃立券文維　亡男小乙解元以嘉定甲
申六月初二日卒於當年十月二十一日甲寅
巽時葬謹竭哀誠輸億兆緡弊於后土市地一
區後乘兌山前爲卯向左距青龍右抵白虎前
按朱雀後極玄武正位兆宅有截其所而今
而後　亡男小乙解元安厝永爲真兆天光發
靈地德潤澤安亡保存億載無期丘丞墓伯巡
警衛護罔象之屬或有干犯幽亭主者宜即按
罪施行時管城公楮先生石丈人三友共成此
券松大夫在傍知狀急急如律令

鄧仲宣刊

○六八　魏三俊墓誌 宋紹定三年（1230）八月二十五日

[誌文]

先君姓魏氏，諱三俊，字叔英，世居越之餘姚。曾祖文」政，祖伸，父安珦，潛德不耀。先君生於淳熙二年十一」月二十四日丑時，自幼篤學，長而益勵。累赴郡選，有」司見黜，慨然曰：“儒冠誤身，信不誣矣。我年幾不惑，子」女滿前，若更沽名，將墜祖業。”乃務農桑，畢子女婚嫁。」徐葺祖廬，栽花植竹，累土鑿沼，朝夕自娱。拂去世故，」日課金經。丁亥冬，先君有疾，茂之侍藥在傍，乃曰：“我」之在世，履蹈足矣，所未竟者宅兆耳。”衣衾棺椁之事，」悉命茂之。紹定戊子正月初八日終于正寢，享年五」十有四。先君娶勞氏。生男茂之，女二人：長適待補國」學生夏夢炎，次進士勞彰甫。孫男二：繼祖、紹祖，孫女」一。茂之將以紹定庚寅八月二十五日，葬于蘭風鄉」厚山之原，謹編歲月以納諸壙。孝男茂之泣血謹識。」

[按語]

私人藏誌。誌磚高42、寬30.5、厚4.5厘米。

誌文正書，共13行，滿行20字。

先君姓魏氏諱三俊字叔英世居越之餘姚曾祖文
政祖伸父安珣潛德不耀先君生於淳熙二年十一
月二十四日丑時自幼篤學長而益勵累赴郡選有
司見黜慨然曰儒冠誤身信不誣矣我年幾不惑子
女滿前若更沽名將墜祖業乃務農桑畢子女婚嫁
徐葺祖廬栽花植竹累土鑿沼朝夕自娱排去世故
日課金經丁亥冬先君有疾茂之侍藥在傍乃曰我
之在世履蹈足矣所未竟者宅兆耳衣衾棺槨之事
悉命茂之紹定戊子正月初八日終于正寢享年五
十有四先君娶勞氏生男茂之女二人長適待補國
學生夏夢炎次進士勞彰甫孫男二繼祖紹祖孫女
一茂之將以紹定庚寅八月二十五日葬于蘭風鄉
厚山之原謹編歲月以納諸壙孝男茂之泣血謹識

○六九　尤澤妻吕氏墓誌 宋紹定六年（1233）九月五日

［誌文］

夫人姓吕□□□□□□會稽人，嫁同縣尤君宣義諱澤，今從事郎、温州」幕判孟遠□□□紹定六年二月丁亥，夫人以疾卒于官舍，得年五十八。」初，幕判□□學，預舍選，聲名籍甚。與余弟藥肄業鄰爐亭，見其衾襦裘」葛，自越來者，寒暑不爽節，扣之，則曰：“吾繼母夫人爲之也。吾生七年喪母」范，又□年夫人始歸吾父，義方素嚴，課子以學，夜誦率至丙。夫人時其渴」飢，使一意繙繹，其恩勤類此。”幕判既登嘉定十三年進士第，分教桂林，侍」宣義公偕夫人以行，色承志養，雖水陸半萬里，夫人不以去鄉爲慼。官滿，」嬰宣義艱。再調永嘉，温、越接近，風土不殊，夫人意甚樂之，時節遊遨，版輿」容與。幕判以廉敏佐其守，守賢且同里，晝諾相傾倒，一郡嘉賴。聞夫人訃，」雪涕者相屬，惜其以憂去而不獲留也。

輀車行有日，幕判泣謂余：“某不即」死，歸襄大事，卜以是年九月丙午，乞子書其壙。”余以夫人女節飭，婦職修，」母道尤能盡人所難，盍求立言者叙而□之，姑紀其略以□□□□□大」父冲，大父約，父慶。二女：長適進士括蒼蔡岳，季適進士□□□□□男孫」天民。女孫二，咸幼。其葬從宣義之兆，實會稽五雲東筦上蔡山。

朝奉郎、前」通判信州軍州兼管内勸農營田事戴栩誌。

許椿刊。」

［按語］

2017年12月慈溪市博物館徵集。誌石右上角殘，左下角文字亦有殘損，高60、寬42、厚5厘米。

誌文正書，共15行，滿行28字。

夫人姓吕□□□□□□□□會稽人嫁同縣尤君宣義諱澤今從事郎溫州
幕判□□□□□□紹定六年二月丁亥夫人以疾卒于官舍得年五十八
初幕判□□□□□□學預舍選聲名籍甚與余□學□□□見其家稀褒
葛自越□者笑署不莫節扣之則曰吾姪母夫人爲之也吾□七年喪母
范叉□年夫人始歸吾又義方素嚴課子以學夜誦至丙夫人時其渴
飲使一旡饑□其□勤類此幕判既登嘉定十三年進士第□其桂林待
宣義□□夫人以行色承志養雖水陸半萬里夫人不以遠鄉爲感宣論
嬰宣義艱再調永嘉溫越接近風土不殊夫人意甚樂之時節遊遨與
容與幕判以撫教任其守守賢且同里畫諾相傾倒一郡嘉賴聞夫人訃
雪涕者相屬得其以憂去□□獲留也輀車行有日幕判泣謂余某不郎
死歸襄大事□以是年九月丙午兆于書其塘令坊夫人女郎傷婦職併
母道尤能□人所難□求立言者叙□之□紀其□□□□□八
又沖大又□□度二□□□通直士□□□□□□□男孫
天民女孫二成幼尚□□□女□之北□□精五□□來□□上□□山□□年郎□
通判信州軍州兼管內勸農營田事戴　栩誌
許楷刊

○七○　王資母戴氏墓誌 宋嘉熙二年（1238）正月七日

［誌文］

宋故」夫人」戴氏」之墓」（題於正中）

夫人生於紹興庚辰，卒於嘉熙」丁酉，越明年元正人日，卜葬于」富烈山之陽，坐巳向亥。」（以上右側）夫人四德咸備，五福兼全，爰始」洎終，非銘可述，姑識其生死歲」月、地理首向之大畧云。」

孝男王資、哲謹誌。」（以上左側）

［按語］

2020年9月慈溪市博物館徵集。誌石上邊綫刻卷雲紋，左右兩邊綫刻花卉紋，高41、寬133、厚13厘米。

正中題篆書4行，行2字；誌文正書，共7行，右側3行，左側4行，滿行12字。

○七一　袁善度墓誌 宋嘉熙四年（1240）閏十二月十三日

［誌文］

亡姊姓袁氏，諱善度，世江西洪人也，後僑寓四明，遂爲明之鄞人。」曾大父諱子成，大父諱國賢，父諱章，母王氏。亡姊生於」淳熙甲辰八月己未，卒於嘉熙己亥七月戊子。兄弟與姊七人，伯」兄、叔弟皆蚤世，惟仲、季弟在焉，長姊蚤適，亡姊寔居其幼，與次姊」俱有林下風，從在家出家法。姊無恙時，嘗與次姊語："仲弟、季弟」皆吾同氣，而生死亦當同塋而窆。"姊既逝矣，岡等佩服斯語，卜」地於清道鄉西山董嶴之原，合四穴而爲一，先奉亡姊之匶而」葬焉，旹庚子閏月壬申日也。亡姊處性恬淡，不事彰施，然應世」酬物，極其明敏，家務繁夥，以身先之，曾無難色。先世有緣事之未」周者，悉囊篋所有以成就之，悼亡者之沉滞，作大道場以濟度之，」急義輕財，惟以愛人利物爲念，亦可謂賢之而有德者也。吉人不」壽，可勝痛哉！葬日薄，未暇乞銘於當世君子，姑略叙歲月，以傳□」無窮。

弟迪功郎岡、待補國學進士堉謹銜哀以識。」

鄉貢進士楊垌填諱。

陳溥刊。」

［按語］

2016年3月慈溪市博物館徵集。誌石高52、寬37、厚8厘米。

誌文正書，共14行，滿行25字。

亡姊姓袁氏諱善度世江西洪人也後僑寓四明遂為明之鄞人
曾大父諱子成 大父諱國賢 父諱章 母王氏 亡姊生於
淳熙甲辰八月己未卒於嘉熙己亥七月戊子兄弟與姊七人伯
兄叔弟皆蚤世惟仲季弟在焉長姊蚤適 亡姊寡居其幼與次姊
俱有林下風從在家出家法 姊無恙時嘗與次姊語仲弟季弟
皆吾同氣而生死亦當同塋而窆 姊既逝矣岡等佩服斯語卜
地於清道鄉西山董嶴之原合四穴而為一先奉 亡姊之匶而
葬焉旹庚子閏月壬申日也 亡姊夙性恬淡不事章施然應世
酬物極其明敏家務繁夥以身先之曾無難色先世有緣事之未
周者悉囊篋所有以成就之俾亡者之沉滯作大道場以濟度之
急義輕財惟以愛人利物為念亦可謂賢之而有德者也吉人亦
壽可勝痛哉葬日薄未暇乞銘於當世君子姑畧叙歲月以傳
無窮弟迪功郎閩待補 國學進士墳謹啣哀以識
鄉貢進士楊 垌 填諱
陳溥刊

○七二　**黄凝孫母饒氏地券** 宋淳祐六年（1246）四月一日

[額文]

金山地券

[券文]

維皇宋淳祐丙午四月庚」申，孝男黄凝孫、獻子等奉」先妣饒氏喪葬于金山，敢」昭告于玆山之神曰：龍」來自卯，水流于辛，左右遮」欄〔攔〕，前後回抱，天所賜也[1]。惟」是呵護守禦，福蔭庇佑，賴」神之休，至於春秋二祭報」神者，奚敢怠？神其鑒之。」

[按語]

2017 年 12 月慈溪市博物館徵集。券石圓首，高 50、寬 44、厚 2 厘米。

題額正書，横向單行 4 字；券文正書，共 9 行，滿行 10 字。

[1] 也，係在“地”字上改刻。

金山地券
維皇宋淳祐丙午四月庚
申孝男黃凝孫獻子等奉
先妣饒氏喪葬于金山敢
昭告于茲山之 神曰龍
來自卯水流于辛左右遶
欄前後回抱天所賜地惟
是呵護守禦福蔭庇佑賴
神之休至於春秋二祭報
神者奚敢怠 神其鑒之

○七三　戴得一墓誌銘 宋淳祐九年（1249）十二月二十三日

［篆額］

宋故」宣教」郎左」藏戴」君墓」志銘」

［誌文］

宋故宣教郎左藏戴君墓誌銘」

朝散郎新添差通判處州軍州事湛若撰」

宣教郎行太學博士晏陶書」

宣教郎行太學博士胡太初篆額」

戴出殷後，以謚氏。其居越者，有餘姚之次公，上虞之就，剡之逵、顒，蕭山之恭，名字間見於史傳。君世爲餘姚人，蓋次公苗裔也。自高曾皆業儒，然未有顯者。至」君之父，始發憤教諸子，築室數十楹，牓曰"種學"，所聘師多知名士。君幼而敏，誦書能盡卷，不錯一字。長乃偕其弟從四明迂齋樓先生遊，今參知政事應公實」□門友，相厚□，學問淵源，浚之深，疏之廣矣。已而君與弟鐸接踵入太學，弟立申貢于鄉。鐸既擢壬辰科，而君自舍選，其子浩自鄉舉，爲戊戌同年進士。邑大」夫劉君彝孫表其閭曰"重桂"，鄉黨以爲寵。前後相望六七年間，昆弟父子，棣韡其華，茅連其茹，門户光采，赫然非復昔日，種而必穫，豈誣也哉。今餘姚之戴以」儒顯者，唯君一門，人咸謂繇君能爲子以繼其父，能爲兄以帥其弟，能爲父以淑其子也，惜乎君之父不及見耳。

自初階教授莆陽，以太守項侯博文、憲使趙」侯綸、計使項侯寅孫、常平使蔡侯籥交舉溢格，關陞從政郎。而鄭公性之以前執政，徐公清叟、王公遂、陳公韡以前侍從，方侯大琮以計使，皆舉科目。楊侯楝」来守莆，又露章特薦焉。秩滿，陳公自政府出帥湖湘，欲羅而致之幕下，辭不就。監行在左藏封樁庫，俄得疾，遂乞致仕，未行。淳祐八年五月辛酉，卒于官，年」五十九。繼有旨，改授宣教郎。以明年十二月庚申，葬鳳亭鄉西泉山，祔先塋之東。將葬，浩諗余以銘。余於君友壻也，故不得辭。

君諱得一，字元道。曾祖良佐，」□□郎。祖□南。父昌時，母孺人聞人氏，以君陞舍選該慶恩封。娶聞人氏，母之弟之子也。子曰浩，迪功郎、嚴州建德縣丞。女猶未笄。孫曰林，曰棟。君儀狀魁」如，器質端厖，望之偉如。在六館十餘年，月書季攷，婁占上游，歷小大領袖之職，雖規矩未嘗廢，而尊酒論文，爐亭夜話，氣和色温，無不得其歡心焉。莆爲朱紫」□，英俊如林，校官得譽最艱，文號莆體，蕩棄法度。君崇雅黜浮，舊習丕變，士論歸之。莆泮舊有田，瀕海囊山，寺僧佃耕歲久，延袤數十頃，緇徒顓其利而輸學」租者不什一。學訴于郡，于計□，久不□。君遣學職告諸朝，卒得直，以其租之入立小學焉，莆泮之有小學自君始也。劉後村、王臞軒，當今文章鉅公也，皆居」莆，君朝莫見，握手評論，

若平生歡。後村起家立朝端，適值君再調，着意推轂，而後村勇退矣。君之官于莆也，舉者凡十人，而蜀楊侯、閩陳公最知己者也。楊」侯□薦略曰：“□□□重，履行□嚴。軍學有雜收之緡，號曰齋用，前居冷官者不免泛支，簠簋無以示儀，而某獨知自潔，迥出常流。”君繇是著廉名。癸卯秋□□」計使項侯攝帥事，移臺三山，檄君校文。時陳公方均佚居里第，貽君書曰：“枕上忽見漕闈小録，隱几展讀，竊於發策之目窺見一斑，不覺轉呻吟爲敬歎曰：大」哉問□非真以世務深入思慮者，未易及此。”遂以科目剡薦，君繇是著文名。夫簞食之菲，萬鍾之推也；鼎味之厚，一臠之積也。善觀人者，固常於其微觀之也，」二君子者之知君，豈可以常情論哉。君本抱負不凡，自期遠大，而天嗇其壽，施不及究，故其可見者僅如此。嗚呼！夷齊之廉也而餓，賈董之文也而窮，君其如」命何。

浩狀言：先君事父母，能承順顔色，痛惟大父蚤棄諸孤，不逮三釜，故奉母氏尤盡子職。方之莆，祖母憚遠不往，白雲之思戚於胸臆間，踰月不得安問，則」哽咽不能食。及訃至，□□奔喪，兼程而進，哀號擗踴，幾死者□□其孝如此。先大父即世，諸弟妹未有室□□君奉母氏經理家政，挈提綱維，十數年間，婚嫁」俱□□□雍睦無間言，其友如此。舅氏子方襁褓，先君嘗□□□寄，極力保持，迄至成人，其不食言如此。□□内仁於宗族，外信於朋友，爲人謀而忠，處鄉黨」和而□禮，凡疏而賢、親而貧者，飲食衣被之，無吝容德色，故至乎没也，弔而哭者其聲哀焉。然則廉而文，豈足以盡君也哉。銘曰：」

君之孤將營君宅，乃卜邑東盧山之原，惟西泉食。□卜邑西雲樓之原，亦惟西泉食。泉流兮既清，峯秀兮相直。君樂斯丘，□兆□域。考□之□，雲仍之福。」

四明▨」

[按語]

2016年3月慈溪市博物館徵集。誌石高160、寬78、厚12厘米，中部有四穿孔，據説曾用作車床墊基石。

篆額6行，行2字；誌文正書，共26行，滿行60字。

[著録]

章國慶編著：《寧波歷代碑碣墓誌彙編》第285—287頁。

○七四　胡學采母趙時清壙誌 宋寶祐五年（1257）四月五日

［誌文］

宋故夫人趙氏壙誌」

先妣夫人趙氏，諱時清，公族也，居霅武康之上伯。曾祖」公　，正議大夫。祖彦博，朝議大夫、工部侍郎，改贈保寧」軍節度使。父賁夫，朝奉大夫、知通州；妣錢氏，贈宜人。」先妣生於嘉定丙子仲夏之二十九日，端平丙申歸我」先君通直。惟先妣天姿温純，德性寬易，事舅姑以孝，」撫媵妾以恩，誠敬足以奉蘋蘩，賢淑足以楷娣姒。繇是」先君賴内助維多，而親黨皆敬之。寶祐乙卯仲穐八日，」卒于平江府吴縣永定鄉安仁里之正寢，年四十。子男」學采、伯采，女公采。學采等不幸蚤失所恃，先君已卜」長洲相梅林之原爲兆，未及窆，而又失所怙，嗚呼痛哉！」禀命重闈，忍死以寶祐丁巳孟夏庚申合葬于所卜」之地。學采等孤且幼，未能乞銘于當世，謹書歲月以藏」諸壙。孤哀子胡學采等泣血謹識。」

文林郎、特差充招信軍録事參軍、兼司户、兼淮東總領所準備差遣胡壆填諱」

［按語］

拓片高 55.6、寬 45.5 厘米。

誌文正書，共 15 行，滿行 21 字。

宋故夫人趙氏壙誌

先妣夫人趙氏諱時清公族也居霅武康之上伯曾祖
公正議大夫祖彥博朝議大夫工部侍郎改贈保寧
軍節度使父賁夫朝奉大夫知通州妣錢氏贈宜人
先妣生於嘉定丙子仲夏之二十九日端平丙申歸我
先君通直惟先妣天姿[illegible]純仁性寬易事舅姑以孝
撫媵妾以恩誠敬足以奉蘋蘩贊淋足以楷娣姒繇是
先君賴內助維多而親黨皆敬之寶祐乙卯仲龝八日
卒于平江府吳縣永定鄉安仁里之正寢年四十子男
學采伯采女公采學采等不幸蚤失所恃先君已卜
長洲相梅林之原為兆未及窆而又失所怙嗚呼痛哉
稟命重闈忍死以寶祐丁巳孟夏庚申合葬于所卜
之地學采等孤且幼未能乞銘于當世謹書歲月以藏
諸壙孤哀子胡學采等泣血謹識
文林郎特差充招信軍錄事參軍兼司戶兼淮東總領所準備差遣胡壆填諱

○七五　江有琪母鄧氏墓誌 宋咸淳二年（1266）九月七日

［篆額］

宋故」鄧氏」孺人」墓誌」

［誌文］

宋故鄧氏孺人墓誌」

待補國學士危季翔述」

孺人鄧氏，撫之臨川具慶坊人也。其家嚴鍾愛此女賦性慈祥，爲擇良」配，諗媒妁之言，得歸于興魯坊江公之長嗣。上事舅姑，心怡色順，甘旨」無虧。內而娣姒，外而叔姪，協和訓育，舉無間言。比閭鄉黨或有以了王」府租、辦公家事爲其夫君浼者，紛擾應酬，主其饋職，昕夕黽勉，無倦怠」意。睦族善鄰，尤所罕及。既而家業日裕，內助力居多也。孺人生於慶元」乙卯十有二月三十日，終於景定癸亥六月十九日，享年六十有九。子」三人：長有琪，娶王氏；次有琛，先孺人卒，娶徐氏；次有慶。孫男二：周閔、真」老。孫女二：妹妹，寄娘。諸孤卜以咸淳丙寅九月初七丙申日，奉其靈柩」葬于廣西鄉官塘之麓。其地坐坤向艮，水來自北而南。前期，諸孤敬以」墓誌爲請，予生平不解藏人之善，且居同桑梓，義不獲辭。昔吾故人鄉」貢進士王溍曾述江公之行曰："行事不悖于理，有一善可稱，得諸天者」宜厚。"故其後得鄧氏爲冢婦而家道昌，豈偶然哉。爰紀其實而誌諸墓。」

［按語］

私人藏誌。誌石圓首，嵌入圍墻，可見部分高 85、寬 43 厘米。

篆額 4 行，行 2 字；誌文正書，共 14 行，滿行 27 字。

宋故鄧氏孺人墓誌

宋故鄧氏孺人墓誌

待補國學士危季翔述

孺人鄧氏撫之臨川具慶坊人也其家嚴鍾愛此女賦性慈祥爲擇良
配諗媒妁之言得歸于興魯坊江公之長嗣上事舅姑心怡色順甘旨
無虧內而娣姒外而叔姪協和訓育舉無間言比閭鄉黨或有以了王
府租辦公家事爲其夫君逸者紛擾應酬主其饋職昕夕黽勉無倦怠
意睦族善隣尤所罕及旣而家業日裕內助力居多也孺人生於慶元
乙卯十有二月三十日終於景定癸亥六月十九日享年六十有九子
三人長有琪娶王氏次有琛先孺人卒娶徐氏次有慶孫男二周閔眞
老孫女二妹妹寄娘諸孤卜以咸淳丙寅九月初七丙申日奉其靈柩
葬于廣西鄉官塘之麓其地坐坤向艮水來自北而南前期諸孤敬以
墓誌爲請予生平不解藏人之善且居同桑梓義不獲辭昔吾故人鄉
貢進士王潛曾述江公之行曰行事不悖于理有一善可稱得諸天者
宜厚故其後得鄧氏爲冢婦而家道昌豈偶然哉爰紀其實而誌諸墓

○七六 佚名殘誌 宋咸淳八年（1272）三月二十四日

［誌文］

□氏世居越之餘姚。建炎間，金虜犯順，分兵蹂我邑□□□□」□□鄉兵禦敵，高祖諱升倡義帥衆，完聚四鄉。郡表于□□□」□□□遂爲著姓。曾大父諱仲舉，復以邊功授將仕郎。大□□□」□□□扁所居曰“魯堂”，以逸翁自號。

淳熙丁未十月生先君諱允」□□□子，自幼穎悟如成人，奉親孝，律己儉，賦性公平，不爲物所」□□□以急難告者，勇爲解紛，雖浩費不靳。族黨姻舊或不給□」□□□評皆譽其義。與兄同居，終始無間言。相尚黄老學，至晚年」□□天降割于我家，兄之子與婦早亡，未幾，兄嫂相繼而□，諸孫」□嬰兒煢煢，其哀可念。先君身任托孤，若子若女幸其成□□嫁」無失時。倏一日，書訓戒滿帙，以示後之人。僅月餘而疾作，鉦□禱」于天，已招親族訣别矣，且屬以扶植門户之言，翛然而逝。人謂先」君達生死之變，亦老氏之學，其驗如此，實咸淳戊辰十一月，享年」八十有二，冤乎痛哉！

娶董氏，先十七年而卒。男一，鉦。女二：長歸張」元得，次歸戴嵒，皆里士也。孫男三：長國□，次國瑞，皆早世；季在幼。」□□□□□□鉦不孝，忍死將以咸淳壬申三月壬午葬于鳳亭」□□□□□□□□□□□□□□納諸幽。

孤哀子鉦泣血謹識。」

［按語］

2018年9月慈溪市博物館徵集。誌石殘，高70、殘寬53、厚9.5厘米。

誌文正書，共16行，滿行25字。

光緒《餘姚縣志》卷二三：“陳升，字仲德……建炎三年，金兵至浙，有乘間剽略者，升出財募勇，發勁弩藥矢斃之，他鄉所俘子女皆遺糧遣兵護之歸。安撫傅龍圖奏聞，授升進武副尉，廕子廷俊一資。”其事與誌主高祖諱升者相合，疑誌主即陳升之後。

○七七　胡雲孫父地券 宋德祐元年（1275）十一月三十日

[額文]

地券

[券文]

維」皇宋德祐元年歲次乙亥十一月丁」卯朔越三十日丙申，孝妻李氏偕孤」子胡雲孫□孫□□敢昭告于」殷家坑之神曰：亡夫生於嘉定壬」申之十一月，卒於咸淳癸酉之六」月。敬奉窀穸于兹，坐艮向坤，山環水」繞，亡夫之治命是用，則靈必妥，靈既」妥則後必昌。唯」神毋茈山精，毋縱石妖，呵禁不祥，使」亡夫享宅億萬斯年。其永久世世子」孫，節春秋，來祭祀，」神與享之。謹告。」

[按語]

2017年12月慈溪市博物館徵集。券石圓首，高55、寬43、厚2厘米。

題額正書；券文正書，共行13行，滿行14字。

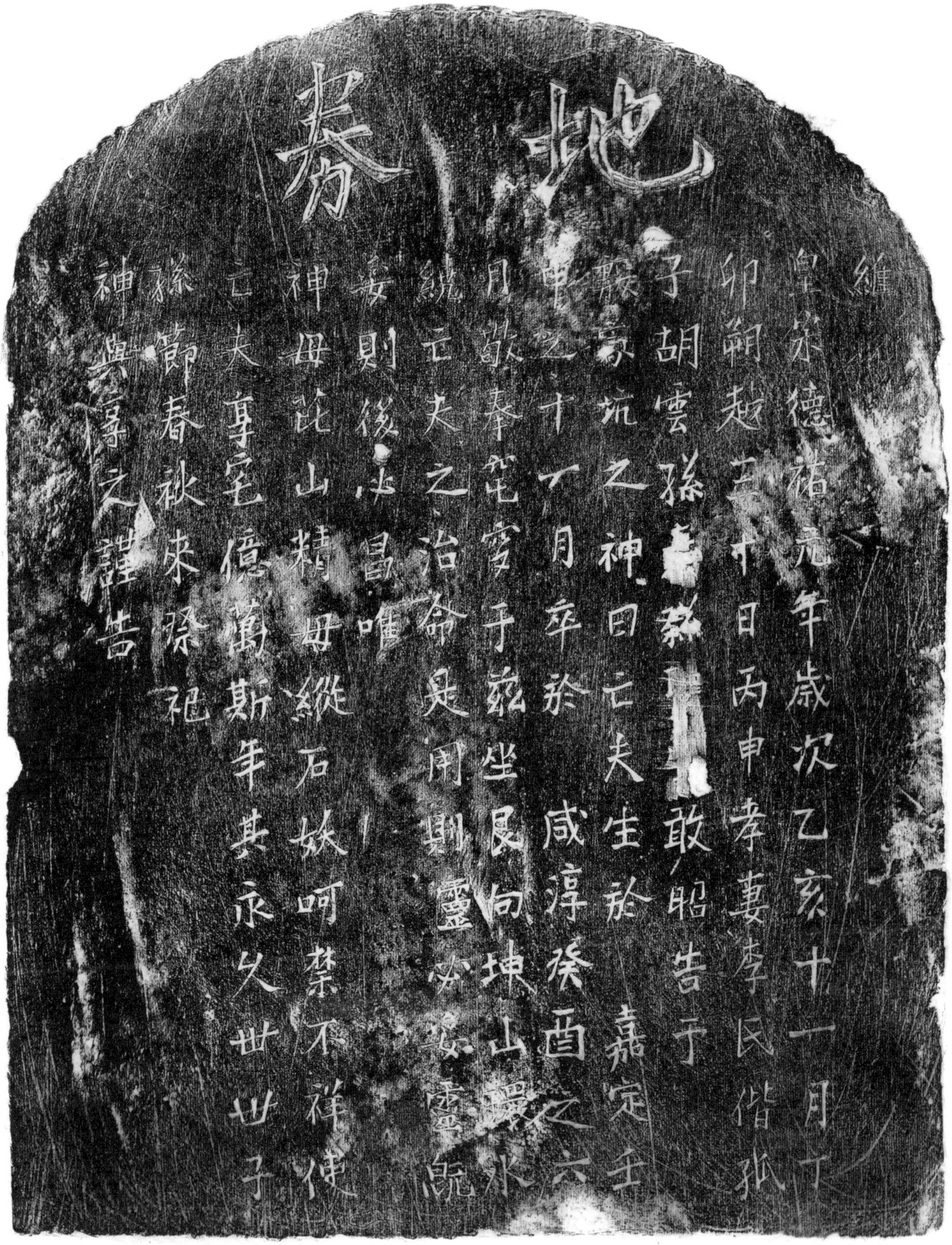

地券

維
皇宋德祐元年歲次乙亥十一月丁
卯朔越三十日丙申孝妻李氏偕孤
子胡雲孫[illegible][illegible]敢昭告于
殿蒙坑之神曰亡夫生於嘉定壬
申之十一月卒於咸淳癸酉之六
月敬奉窆宅于茲坐艮向坤山環水
繞亡夫之治命是用則靈必安靈既
安則後必昌唯
神毋詑山精毋縱石妖呵禁不祥使
亡夫享宅億萬斯年其永久世世子
孫節春秋來享祀
神與享之謹告

○七八　劉瑨母吴道足壙誌 宋德祐二年（1276）三月二日

［篆額］

有宋」檢法」安人」吴氏」壙誌」

［誌文］

先妣安人吴氏，諱道足，世譜栝昌之馬步。曾祖倪，迪功郎、兩浙轉運司主管文」字。祖端友，成忠郎。父梁，江東漕司貢士、秉義郎，吾母其仲女也。始歸我」先君檢法，禮待如賓，閫御有則。逮先君奄忽，時瑨年始十有一，弟珦、女弟福娘」俱襁褓中。吾母亮節守志，劬恩撫育，迪以機訓，淑以儀文，底于成立，有家有」室，均得以遂其宜。吾母德謹言度，貌莊氣和，莫不視爲婦道式，予姻族必厚」禮，遇慶唁無曠典。人不給者，隨緩急賙之，無靳色。祀事尤共賓醴弗斁，若中若」表，事無纖巨悉親之，整如也。暮齡篤尚佛經，誦無虛日，顔丹髮漆，視明聽聰。群」侍日，益喜慈訓，嘗曰："子曩詩禮傳，當以功名勉。"瑨夙夜敏思，期副親旨，叨縻」寸爵，領薦計闈，猶未稱親意。再調越嵊司榷，帥座厚齋季公鏞知遇殊優，檄」攝姚令，固弗敢勉，覬娱親耳。尋欲輿侍，遽以訃聞，戴星履霜，三日抵舍，哀慕何」恃奚罄之深。

吾母生男二人，長瑨，浙漕貢士、承節郎；次珦，進義校尉。女一人，」福娘，適貳卿何公琮之子澄，奉議郎、南雄軍倅。孫男四人，基、安、協、悦，次安繼姪辰」後。曾孫煜老。孫女四人，懿德、懿仁、懿康、懿寧，俱鄉之世閥是歸，忱無負吾」母鍾愛之意。先妣生於紹熙癸丑正月二十五日丑時，終於景定辛酉九月」二十九日辰時，壽六十有九。卜以丙子德祐二年又三月二日，葬于昌邑資忠」鄉漳洲之澗塘，距先君尼嵔茭塘塋僅十里。

嗟乎！」二親緣合者天，其生也同，宅兆之地，其鄉又同，豈非數之偶乎，於是從其吉。瑨」謹偕姪協、悦奉襄事，未能謁銘通人，姑序歲月，鑱石納諸壙云。

孤哀子劉瑨泣」血百拜謹誌。

姪修職郎、新高郵軍軍學教授吴澄篆蓋。

親末朝請大夫、主管華州雲臺觀、松陽縣開國男、食邑三百户潘景丑書。」

［按語］

2016年3月慈溪市博物館徵集。誌石圓首，高88、寬61、厚13厘米。

篆額5行，行2字；誌文正書，共21行，滿行30字。

吴道足的曾祖吴倪，字息和，處州遂昌人，墓誌見鄭嘉勵、梁曉華編《麗水宋元墓誌集録》。

宋故檢法安人吳氏壙誌

先妣安人吳氏諱道足世譜栝昌之馬步曾祖倪迪功郎兩浙轉運司主管文
字祖端友成忠郎父梁江東漕司貢士秉義郎吾 母其仲女也始歸我
先君檢法禮待如賓閫御有則逮先君奄忽時瑨年始十有一弟珣女弟福娘
俱襁褓中吾 母亮節守志劬恩撫育迪以機訓漱以儀文底于成立有家有
室均得以遂其宜吾 母德謹言度貌莊氣和莫不視爲婦道式子姻族必尊
禮遇慶唁無曠典人不給者隨緩急賙之無靳色祀事尤共賓禮弗斁若中若
表事無纖巨悉親之整如也暮齡篤尚佛經誦無虛日顏丹髮漆視明聽聰羣
侍日益喜 慈訓嘗曰子襲詩禮傳當以功名勉瑨夙夜敬思期副親旨叨縻
寸爵領薦計闈猶未稱親意再調越嵊司權 師座亭齋季公鑄知遇殊優擷
攝姚令固弗敢勉覲娛親耳尋欲興侍遷以訃聞戴星復霜三日抵[illegible]哀慕何
恃奚鬻之深吾 母生男二人長瑨浙漕貢士承節郎次珣進義校尉女一人
福娘適貳鄉何公琮之子澄奉議郎南雄軍倅孫男四人基安協悅次安繼姪辰
後曾孫煜老 孫女四人懿德 懿仁 懿康 懿寧俱鄉之世閥是歸愧無負焉
母鍾愛之意 先妣生於紹熙癸丑正月二十五日丑時終於景定辛酉九月
二十九日辰時壽六十有九卜以丙子德祐二年又三月二日葬于昌邑資忠
鄉漳洲之澗塘距 先君尼嵓茭塘塋僅十里嗟乎
二親緣合者矣其生也同宅兆之地其鄉又同豈非數之偶乎於是從其吉瑨
謹偕姪協悅奉襄事未能謁銘過人姑序歲月鑱石納諸壙云孤哀子劉瑨泣
血百拜謹誌
姪 修職郎 新 高郵 軍 軍學 教授 吳 燈 篆蓋
親末朝請大夫主管華州雲臺觀松陽縣開國男食邑三百户潘 景五 書

○七九　鄧世榮妻劉氏壙記 元大德五年（1301）正月三日

[額文]

亡室」劉氏」壙記」

[誌文]

室人劉氏，世居臨江路新淦州善政鄉咸陽里斛江」人也。父伯玉，母聶氏。生於亡宋嘉熙三年己亥十月」二十九日午時，於開慶元年己未十月二十五日歸」于我。處家勤儉，功容言德。恭奉公姑，無不謹慎。鄰里」和睦，家道愈興。迎侍親朋，夫妻和倡。生男三人，女二」人。長男應瑞，爲娶魏氏；次男應旹，爲娶陳氏；幼男應」奇，爲娶黄氏。長女四娘，適本里劉德榮；次女一娘，適」欽風鄉神政山李克仁。長男應瑞不幸於乙酉年辭」世，遺下男孫一人，今名元亨。次男房下男孫壽孫，女」孫祐娘。幼男亦不幸於己亥年五月溺水而逝，遺下」男冬孫。長女四娘生外孫子俚、虎俚，次女生外孫名」曾籙真。嗚呼！室人豈期於庚子年九月十一夜無疾」而終，享年六十有二。停柩在堂，卜取辛丑正月初三」日甲辰良吉，扶柩安厝于善政鄉一都地名小坑之」原，作巳山亥向。厥山蒼蒼，厥水泱泱，永爲宅兆，子孫」繁昌。葬前一日，孝眷執觴奠別。夫鄧世榮謹記。

[按語]

2018年11月慈溪市博物館徵集。誌石圓首碑形，下部殘，殘高70、寬52、厚5厘米。題額正書3行，行2字；誌文正書，共16行，滿行20字。

亡室劉氏壙記

室人劉氏世居臨江路新淦州善政鄉咸陽里斛江人也父伯玉母聶氏生於亡宋嘉熙三年己亥十月二十九日午時於開慶元年己未十月二十五日歸于我勉家勤儉功容言德恭奉公姑無不謹慎隣里和睦家道愈興迎侍親朋夫妻和倡生男三人女二人長男應瑞爲娶魏氏次男應旹爲娶陳氏幼男應奇爲娶黃氏長女四娘適本里劉德榮次女一娘適欽風鄉神政山李克仁長男應瑞不幸於乙酉年[illegible]世遺下男孫一人今名元亨次男房下男孫壽孫女孫祐娘幼男亦不幸於己亥年五月溺水而逝遺下男冬孫長女四娘生外孫子俚虎俚次女生外孫名曾籙真嗚呼室人豈期於庚子年九月十一夜無疾而終享年六十有二停柩在堂卜取辛丑正月初三日甲辰良吉扶柩安厝于善政鄉一都地名小坑之原作巳亥向廠山蒼蒼廠水泱泱永爲宅兆子孫繁昌葬前一日孝眷執觴奠別夫鄧世榮謹記

○八○　辛衍繼妻陳淑儀壙記 元至順元年（1330）十一月二十日

［篆額］

故恭人陳氏壙記

［誌文］

眷前承直郎簽雲南諸路肅政廉訪司事范震撰」

恭人姓陳氏，諱淑儀，辛忠敏公曾孫奉議郎、行軍器監簿衍之妻也。」其先建陽人，祖、父並以科第顯。龍集丙子，天戈指南，適監簿宦于廣，」挈家還自閩道，迎其鋒，幸以身免，敚攘殆盡，僅遺七歲子壽朋與俱。」亟返吾故，而田園荒蕪，内顧喪厥助，遂繼室以恭人。時年及笄，賦性」柔嘉，秉心温惠。孝於宗廟，輯於姻族，而禮於奧壼，承上字下，靡弗如」式。初以壽朋爲己子，教養不啻己出，繼雖孕育，未嘗有所加愛。後以」仲子壽昌續從叔衜嗣，皆底成立。尤卑卑於絲枲，蚤莫不怠，以爲子」孫計。居第偪仄則矢心於革造，疆甽鮮少則極意於增拓，卒之興其」家者，率多恭人之力。歲甲辰，監簿即世，恭人忍死恊諸孤以既大事。」不五稔而壽昌亦逝，生子澧，甫三歲。追亡念存，撫恤尤至。年且老，男」女各遂婚媾，始不與家政。風晨月夕，酒杯茶椀，婦子環列，階庭穆如。」其於母儀婦工，雖老不衰。年七十四，以疾終于堂。生於寶祐丁巳四」月二十三日，卒以至順庚午正月十六日，窆用是歲十一月二十日」丙申于崇義鄉新桂里，其山負坤面艮，水流乾亥，遵治命也。男三人：」壽朋，先一年卒；康孫，嘉興路海鹽州儒學教授；壽椿，江浙等處蒙古」提舉學校官吏目。女三人：壽□，聘黄悌德；壽英，聘予子思敬，因贅焉，」未逮廟見卒；壽華，聘從仕郎袁州路總管府知事趙必㸅，已嫁而亡。」孫九人：霆、霖、雯、霔、霸、濡、濂、沂、洙。孫女五人：㠯正、㠯順、㠯貞、㠯安、㠯純，」皆比婚嫁。曾孫二人：□真，山童。曾孫女三人：勝娘、寄女、滿奴，俱提孩。」康孫以予世篤姻好，具悉始末，遣書以月日赴，且徵予記，誼不得解，」敬摭其大較，俾鑱諸壙云。」

［按語］

2018年5月慈溪市博物館徵集。誌石斷裂成4塊，左側稍有殘缺，高78、寬62、厚6厘米。篆額横向單行7字；誌文正書，共22行，滿行26字。

辛忠敏公，即南宋著名詞人辛弃疾（1140—1207）。

故恭人陳氏壙記

眷前承直郎簽雲南諸路肅政廉訪司事范震撰

恭人姓陳氏諱淑儀辛[illegible]敏公曾孫奉議郎行軍器監簿衍之妻也其先建陽人祖父並以科第顯龍集丙子天戈指南適監簿官于廬挈家還自閩道迎其鋒幸以身免殺戮殆盡僅遺七歲子壽朋與俱亟返吾故而田園荒[illegible]內顧喪厥匹遂繼室以恭人時年及笄賦性柔嘉秉心溫惠孝於宗廟輯於姻族而禮於舅壼承上字下靡弗如式祐以壽朋爲己子教養不啻己出繼雖孕育未嘗有所加愛後以仲子壽昌續從[illegible]衛嗣皆屬成立[illegible]卑卑於絲枲蠶莫不急以爲子孫計居第偏仄則矢心於革造疆畛鮮少則極意於增拓卒之興其家者率多恭人之力歲甲辰監簿即世恭人忍死勵諸孤以既大事不五稔而壽昌亦逝生子澧甫三歲追之念存拊恤尤至年且老男女各遂婚媾始不與家政風晨月夕酒杯茶椀婦子環列階庭穆如其於母儀婦工雖老不衰年七十四以疾終于堂生於寶祐丁巳四月二十三日卒於至順庚午四月十六日窆用是歲十一月二十日丙申于崇義鄉新社里其山巽坤面艮水流乾亥遵治命也男三人壽朋先一年卒康孫嘉興路海鹽州儒學教授壽椿江浙等處蒙古提舉學校官吏目女三人[illegible]聘[illegible]壽英聘予子思敬曰贊焉未逮廟見卒壽華聘廸仕郎袁州路揔管府知事[illegible]道必[illegible]家而卒孫九人霆霖雯霆霸濡濂沂涣孫女五人呂正呂凡呂貞呂安呂純皆壯婚嫁曾孫二人[illegible]真山童曾孫女三人勝娘奇女滿奴俱提孩庚孫以予世爲姻好[illegible]殆來遺書以月日赴且徵予記誼不得解敬摭其大較俾鐫諸壙

○八一　饒順四地券 元後至元三年（1337）十二月十八日

[額文]

地券

[券文]

至元三年歲在丁丑十二月丁卯」朔越十八日甲申，孤子饒行之、寧」之、安之家眷等，奉先考順四居」士靈柩，葬于本鄉茭山將軍洞祖」壠之右。謹昭告于」山靈曰：無父何怙，不自殞仆。卜此」安厝，坐艮向坤，龍蟠虎蹲，氣聚雲」屯。一坏〔抔〕之土，匪神疇主？從兹封樹，」呵禁不祥，俾安斯藏，後嗣繁昌。春」秋祭祀，余不敢廢，神其與祭。謹告。」

[按語]

2017 年 12 月慈溪市博物館徵集。券石圓首，高 57、寬 45、厚 2 厘米。

題額正書横向 2 字；券文正書，共 10 行，滿行 13 字。

據券文干支紀日，“至元”年號爲後至元（1335—1340）。

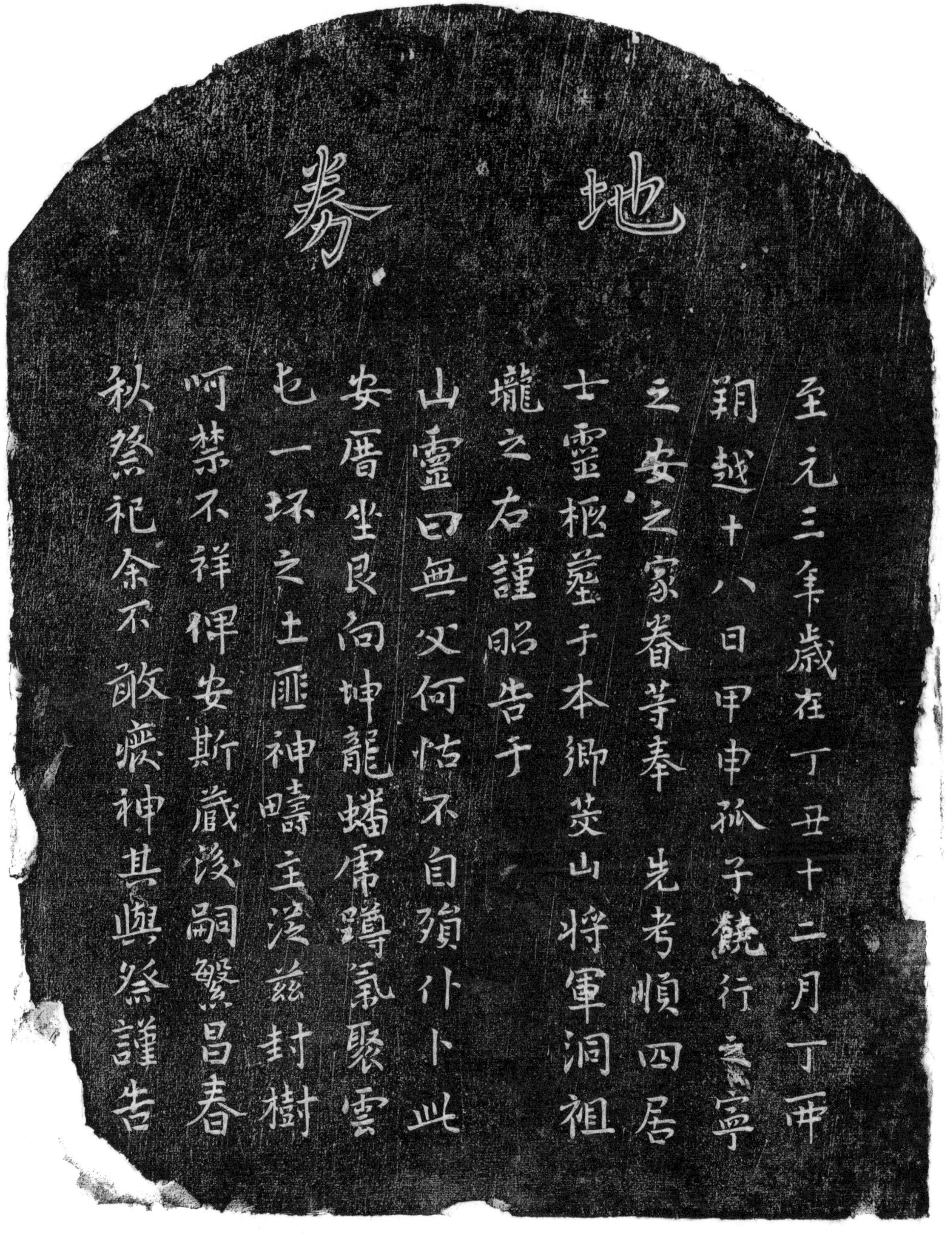

地券

至元三年歲在丁丑十二月丁卯
朔越十八日甲申孫子饒行之亭
之安之家眷等奉 先考順四居
士靈柩塟于本鄉芠山將軍洞祖
壠之右謹昭告于
山靈曰無父何怙不自殞仆卜此
安厝坐艮向坤龍蟠鳳蹲氣聚雲
屯一坏之土匪神疇主茲封樹
呵禁不祥俾安斯藏後嗣繁昌春
秋祭祀余不敢瀆神其與祭謹告

○八二　曾大烈妻李玉真壙記 明景泰元年（1450）五月二十九日

［誌文］

故曾母李氏孺人壙記」

孺人諱玉真，爲淦西桐岡李隱君能正次女也。性聰惠，温厚真静，坤德具備，慎」而寡言。及笄，配蓮塘曾大烈。婦道肅雍，循度規矩，緝理絲麻，晨昏匪懈。时家業」益豐裕，其主中饋，助蒸嘗，奉旧〔舅〕姑，佐夫君，必欽必戒，動罔或逾。故高大而不傷」其柔，嚴恪而不害其和，可謂賢乎。子三人，皆承慈訓，讀書好礼，焕乎其有文章，」超邁當世，獨冀〔異〕於衆，非孺人之善行能若是乎？長曰冠英，娶吴坊吴氏；次曰冠」茂，娶路口饒氏；幼曰問孝，聘饒氏。女二人：長曰瓊真，適青沂周戒賓；次曰茂真，」適青沂周廉憲。孺人生洪武庚午年三月二十日亥时生[1]，不幸於景泰元年四」月二十三日申時，以疾終于正寢，享春秋六十有一。越五月二十九日，奉柩葬」于善政鄉錢家岡庙坑口，作辛戌山乙辰向，永爲宅兆。嗚呼！子母人倫至重者」也，今終襄而尤能泣血識石於棺者，豈徒振夫流俗而已，宜必有以昌啓其後，」俾来者知所自，此孝子之幸親終矣，故爲之記。」

景泰元年歳在庚午夏五月吉日」

孤哀子曾冠英、冠茂、問孝泣血立石。」

同邑柘溪胡曼脩撰。」

［按語］

2018年11月慈溪市博物館徵集。誌石高65、寬37、厚2厘米。

誌文正書，共15行，满行30字，有界格。

---

［1］此句有兩“生”字，當有一衍。

故曾母李氏孺人壙記

孺人諱玉真為塗西桐岡李隱君能正次女也性聰惠溫厚貞靜坤德具備慎而寡言及笄配蓮塘曾大烈婦道甫雍循度規矩緝理絲麻晨昏匪懈时家業益豐裕其主中饋助蒸嘗奉舅姑佐夫君必敬必戒勤閫或逾故高大而不傷其柔豪侈而不害其和可謂賢乎子三人皆承慈訓讀書好礼燦乎其有文章超邁當世循異於衆非孺人之善行能若是乎長曰冠英娶吳坊吳氏次曰冠茂娶路口饒氏幼曰冏斋聘饒氏女二人長白瓊真適青浒周戒賓次曰茂真適青浒周應憲孺人生洪武庚午年三月二十日亥时生不幸於景泰元年四月二十三日申時以疾終于正寢享春秋六十有一越五月二十九日奉柩葬于善政鄉錢家岡甫坑口作辛戌山乙辰向永為宅兆嗚呼子母人倫至重者也今終喪而尤能泣血識石於棺者豈徒振夫流俗而已宜必有以昌啓其後俾來者知所自此孝子之幸親終矣故為之記

景泰元年歲在庚午夏五月　吉日

孤哀子　曾冠英　冠茂　冏斋　泣血立石

同　邑　柘　溪　胡　曼　脩　撰

○八三　張賢良妻毛淑順墓誌銘 明景泰二年（1451）十二月八日

［篆蓋］

敕封太」孺人張」母毛氏」墓誌銘」

［誌文］

敕封太孺人張母毛氏墓誌銘」

嘉議大夫户部左侍郎兼翰林學士古蜀江淵撰文」

嘉議大夫都察院左副都御史萬安劉廣衡書丹」

通奉大夫浙江布政使司右布政使蠡吾楊瓚篆盖」

太孺人諱淑順，鄞處士毛公女，自祖以上皆力本尚農。以洪武壬」子十月二十三日生於月湖里第，年二十五擇配慈谿右族張公」諱賢良。公蚤失怙，太孺人奉姑極孝，謹教子楷讀書，由邑庠中永」樂丁酉科鄉試。未幾，公卒，太孺人經理喪事，一切盡禮，家教益篤。」永樂甲辰，楷登進士第，拜監察御史，迎母就禄金陵。朝廷推恩，贈」公文林郎、江西道監察御史，母封太孺人。越九載，遷陜右按察僉」事，尋陞副使。不三年，用知己薦，擢都察院右僉都御史。即遣次子」應麟迎太孺人赴京，舟次姑蘇，會楷董師閩浙，班師回還，值胡寇」内侮，京師戒嚴，中道而返。六越月，是爲景泰庚午閏正月十有六」日，以疾卒于正寝，享年七十有九。訃聞，楷時有鍾、艾之隙，被謗未」明，即奔喪守中制。擇以明年十二月初八日，葬于慈谿縣東山祖」墳之側。子男一，即楷，娶丘氏，継娶胡氏，三子：應麒、應麟、應鵬，女二：」如璧、如瑶。曾孫男二女四，皆幼。楷回，以狀命其子應麟乞予銘掩」諸幽。銘曰：

子資母賢，母藉子榮。曰軻曰侃，異世同稱。」伊太孺人，淑子以學。伊都御史，貽母以爵。」學成有傳，爵榮有緣。礱石刻銘，百世不刊。」

［按語］

私人藏誌。蓋石高、寬均 54.5、厚 10.5 厘米，誌石高 54、寬 54.5、厚 10 厘米。

篆蓋 4 行，行 3 字；誌文正書，共 20 行，滿行 25 字。

敕封太孺人張母毛氏墓誌銘

敕封太孺人張母毛氏墓誌銘
嘉議大夫戶部左侍郎兼翰林學士古蜀江淵撰文
嘉議大夫都察院左副都御史萬安劉廣衡書丹
通奉大夫浙江布政使司右布政使蠡吾楊瓚篆蓋
太孺人諱淑順鄞處士毛公女自祖以上皆力本尚農以洪武壬
子十月二十三日生於月湖里第年二十五擇配慈谿右族張公
諱賢良公蚤失怙太孺人奉姑極孝謹教子楷讀書由邑庠中永
樂丁酉科鄉試未幾公卒太孺人經理喪事一切盡禮家教益篤
永樂甲辰楷登進士第拜監察御史迎母就祿金陵朝廷推恩贈
公文林郎江西道監察御史母封太孺人越九載遷陝右按察僉
事尋陞副使不三年用知己薦擢都察院右僉都御史即遣次子
應麟迎太孺人赴京舟次姑蘇會楷董師閩浙班師回還值胡寇
內侮京師戒嚴中道而返六越月是為景泰庚午閏正月十有六
日以疾卒于正寢享年七十有九訃聞楷時有鍾艾之隙被謗未
明即奔喪守中制擇以明年十二月初八日葬于慈谿縣東山祖
墳之側子男一即楷娶丘氏繼娶胡氏三男應麒應麟應鵬女二
如璧如瑤曾孫男二女四皆幼楷具以狀命其子應麟乞予銘揭
諸幽銘曰　子資母賢　母藉子榮　曰軻曰侃　異世同稱
伊太孺人　淵子以學　伊都御史　貽母以爵
學成有傳　爵榮有緣　礱石刻銘　百世不刊

○八四　邵宏譽墓誌 明成化十三年（1477）十二月三日

[誌文]

先君諱宏譽，字德昭，康節先生十八世孫。徽猷閣待制溥，從宋高」宗南渡。傳至楊州都巡忠，爰居餘姚，爲東南隅人。父叔芳，封廣西」道監察御史；母吴氏，封孺人。洪武二十年二月十八日亥時生。年」十四，補邑庠弟子員，領鄉薦，登甲辰進士第。□德庚戌，拜廣西道」監察御史，爲都憲顧公知重，令參駁三法司□章，時論歸之。正統」丙辰，預脩」《宣廟實録》。書成，進□翰林院脩譔，受白金、綵幣之賜。」英宗御經筵，□充講官，日備顧問，寵賚有加。正統甲子，陞福建按察司」副使。己巳，閩寇竊發，雖尋撲滅，而言官歸咎于方面，坐□四川富」義醝官。」英宗睿皇帝復辟，知其冤，復起爲按察副使，俾莅湖廣。天順□寅，聞祖」母吴喪，守制。服闋，奉檄復除福建。天順庚辰，以祖考封御史公卒，」復歸守制。終喪，載授湖廣，在任幾三載，上疏乞歸，」詔許。致政一十二載，成化丁酉閏二月疾作，醫禱弗瘳，竟以十三日」卒于正寢。以是年十二月初三日丙申，葬于邑之通德鄉桐湖伏」獅嶺之陽。妃吾母宋氏，封孺人，本隅宋宜學□女。子男二人：長曰」驎；次即銓，領成化戊子浙江鄉薦。孫男六人，長曰英，充邑庠生，次」曰□，曰蕙，曰蕡，驎所生也。曰夔，曰莊，銓所生也。孫女一，適本邑東」城□□使胡□之子銘。曾孫四人：時濟、時□、時亨、時玉。嗚呼，是惟」吾父之墓，既安且固，其永無斁。」

成化十三年歲次丁酉冬十二月甲午朔越三日，男銓泣血□書。」

[按語]

私人藏誌。拓片高、寬均47厘米。

誌文泐損嚴重，正書，共21行，滿行25字，單綫邊框。

○八五　陳浩墓誌銘 明弘治元年（1488）十一月二十五日

［篆蓋］

明故蘇」州府吴」縣税課」局大使」陳公墓」

［誌文］

明故蘇州府吴縣税課局大使致仕陳公墓誌銘」

賜進士奉政大夫修正庶尹兵部武選郎中致仕同邑洪常撰文」

賜進士出身　大夫贊治尹四川按察司副使黄隆書丹」

提督山東馬政太僕寺丞前中書舍人金湜篆盖」

公諱浩，字惠善，鄞人。曾大父伯康，大父茂五，父子真，俱有隱德。母秦氏。公」爲人明敏，好學問，孝奉二親，敦尚礼義，而且有材幹，一鄉之人咸稱之。有」司聞其賢，遂辟爲從事，以勤慎著声。景泰癸酉，授以蘇州府吴縣税課局」大使。先是，典任者匪人，税多侵缺。公之下車也，□廉秉公，勤以涖事，下人」不敢欺，而税課充足，由是声誉聿起。九載政成，行□不次之擢，公謂功成」名遂身退，天之道也。成化丁□，乃引年致政，還鄉里，日与親朋徜徉於林」泉間，於凡塵累事一不繫於心。每歲郡行鄉飲禮，必席公於衆僎之位，容」止可度，觀礼者莫不歎羡焉。忽遘疾卒于正寢，實成化丁未四月五日也，」上距所生永樂丙戌六月二十五日，春秋八十有一。娶石氏，先卒。子男四：」長琺，次理，邑庠生；次玘，次琦，庶出也。女二：妙蓮，適蘇州府河泊所官張尚」温子玘；妙端，適刑部尚書陸公姪孫文端。□黄氏，生女二：素緣，適范溥；素」端，適何瑞，邑庠生。孫男六：恢，郡庠生；□、□、□、恂、懌。孫女六：玉英，適周吉；玉」貞，適倪鎬；玉清，適陸錦；玉濂，適虞南；玉□、玉秀，幼在室。曾孫男二：承一、承」二。卜以弘治改元戊申十一月二十五日葬于城南清道鄉之原，其孤琺」等具世出行實謁予求銘。予素与公相往来，而銘墓之文非余之爲而誰」爲？於是叙次其事而銘之。銘曰：」

德足以成諸己，才足以名於世。克知止足之戒，」蔚有賢能之誉。卜吉城南之原，礱石以銘其竁。」惟既固而且寧，尚有裕於来裔。」

［按語］

私人藏誌。蓋石、誌石均方形，邊長43厘米。

篆蓋5行，行3字；誌文正書，共23行，滿行28字。

明故蘇州府吳縣稅課局大使陳公墓

賜進士奉政大夫修正庶尹兵部武選郎中致仕同邑洪常 撰文
賜進士出身 大夫資治尹
按察司副使 黃隆 書丹
提督山東馬政太僕寺丞前中書舍人 金琨 篆蓋

〇八六　毛驥壙誌　明弘治九年（1496）正月六日

［篆額］

明福建」葉坊驛」丞毛君」壙誌銘」

［誌文］

大明弘治癸丑十月十有九日，福建建寧府歐寧」縣葉坊驛丞毛君文德卒于家。又明年丙辰正月」六日，依厥考訥庵府君之墓而葬焉。訥庵生五子，」而君居四。伯鳳，邑庠生，仲熊，□例爵寧波衛指揮」僉事，俱卒；叔騏，儒士；而季即君也；弟彪，亦先君而」卒。君諱驥，字文德，生于正統丁卯閏四月四日，得」年四十有七。自幼聰警，才畧過人，早從事浙藩，得」今職。娶定海縣故泉州府同知謝公之女，無出。男」一，甫四歲；女一，甫三歲，皆庶生。嗚呼！君之位雖卑，」而能聲綽著，君之歸未幾，而生計孔殷，是乃其才」畧之足徵者，雖不永其年，亦可以無憾矣。惟老母」垂白在堂，餘年所倚者，叔兄一人耳，且子女未萃，」一旦棄去，良可悲夫。因系之以銘，銘曰：」

有行以爲本，有猷以爲華。聿修厥職，」克大其家。年不副德，□其柰何？」

乙卯歲十一月望

郡庠儲彦外弟□□□并□□。」

［按語］

2018年5月慈溪市博物館徵集。誌石高61、寬33、厚6厘米。

篆額4行，行3字；誌文正書，共16行，滿行19字。

明福建東坊驛丞毛君壙誌銘

大明弘治癸丑十月十有九日福建建寧府[illegible]
東坊驛丞毛君文德卒于家又明年丙辰正月
六日孤子[illegible]孝[illegible]庵[illegible]君之墓而[illegible]高謝[illegible]庵生五子
曰君君四伯鳳[illegible]庠生仲熊[illegible]曾[illegible]衛指揮
僉事俱卒叔[illegible]儒士[illegible]季郎[illegible]先君而
卒君諱[illegible]字文德生[illegible]正統丁卯閏四月四日得
年四十有七自幼聰警才畧過人早從事[illegible]藩得
金[illegible]藏要[illegible]縣[illegible]泉州府同知謝公之女無出男
一甫四歲女一甫三歲[illegible]生嗚呼君之位雖卑
而能聲績著君之歸未幾而生計孔殷是乃其才
善之足徵者雖不永其年亦可以無憾矣惟老母
[illegible]白在堂餘年所倚者叔兄[illegible]人耳且子女[illegible]
一旦棄去良可悲夫[illegible]系之以銘銘曰
有行以爲本有猷以爲幹[illegible]
克友其家[illegible]年不副德[illegible]其奈何
乙卯歲十二月望郡庠儲彥[illegible]

○八七　朱諒墓誌銘 明弘治九年（1496）正月二十五日

［篆蓋］

明故處」士養愚」朱公墓」誌銘」

［誌文］

明故養愚處士朱君墓誌銘」

賜同進士出身奉政大夫修正庶尹兵部武▨同邑洪常譔文」

賜同進士出身文林郎中▨邑陳瑞書丹」

賜同進士出身中順大夫直隸廣▨同邑盧璠篆盖」

養愚處士朱君既卒之三年，其孤伸狀其世出行□□□□□□□□□天，先人逝矣。今卜正月廿有五日，」合葬于桃源鄉鳳翅山先妣徐氏之墓。重惟不肖孤□□□□□□□□□甫應薦訓導侯門，方將授職，而」即以聞訃，使禄不逮以養其親，其爲恨也孰大□□□□□□□□□□非子其誰宜？敢以爲請。”嗚呼！前三」十年，予致武銓事，還鄉里，辱与君交，相親好如昆□□□□□□□□□之責也，遂叙次而銘之。按狀，君諱」諒，字思貞，姓朱氏，養愚其别號也。其先姑蘇人，有□□□□□□□□□□事，因家于鄞，故今爲鄞人。曾大」父諱道通，大父諱克明，俱不仕。父諱瑗，發身鄉貢□□□□□□□□□□應，通判汝寧府。母蔣氏，廣西太」平知府彦廣女弟也。君性聰敏，好問學，博覽經史諸子，於□□□□□□□□小说，靡不涉獵。幼失所恃，侍」父宦遊南北，有志於功名。其在寶應也，与今太僕卿□□□□□□□□□□□子業，穎悟出衆，咸讓爲登」登。後□致政歸，得目疾，諸家務悉以委君。由是棄所學以幹蠱，事□□□□□□至，及卒，克盡喪葬之禮。至」於歲□□享，必親必潔，務極其誠。且有智識，倜儻不羈，視天下無□□□□□紛解難，恒若不及，而施仁」尚義□□□□□。嘗於門首見一童子哭甚哀，問之，曰：“吾母病□□□□□□□□赴市糴，被强人誘奪以」去，是□□□□□乃引至家，与白米三斗，俾歸以供其母。平生於□□□□□□□之者，即貸之，有喪事弗」能歛葬者，相助□□以才幹聞于時，受□□守張公賑，適丁歲旱□□□□公□□諸神祠，及設法賑濟，」不遺餘□，君□左右之，而民之得以全□□□衆也。又嘗見鄉鄰間子弟□□□□□因闢家塾，延明師」□訓迪之。或同稽其勤□□□□□□第進□者四人，中乙榜者一人□□□□□□□□地，累石爲假山，」雜植花卉其□□□□□□□□□□問，答曰：“昔先賢有愛庭草不除，吾□□□□□□□□□□者，至則相」与評論古今□□□□□□□□□□□□品第法書詞章之高下，皆灼有□見□□□□□□□□遊，若文懿」□□□業□□□□□□□□□□□□□□贈遺，或叙其燕集之樂，或□□□□□□□□□□有所稱與至」□□□□□□□□□□□□□□□□□□□□有不善□則面斥無隱諱，每□此見□□□亦以此取嫉於人，」不較□□存心□□類多此，亦可謂賢也已矣。不幸以弘治癸丑九月

□□□于正□□□生宣德癸丑」□月十八日，春秋六十有一。□□氏，□□知府灝之女孫，先卒□□繼□氏，刑部郎中□之姪女，亦先卒。」子□二：長俌，□君□十五日卒；次即□□□承差。孫男六：鵬□□□□□。銘曰：」

鍾通敏之□□，負英邁之奇氣。咀六□□□□，□□□□□士。」訓克□於前人，裕□垂于後裔。爰勒銘□□□，□□□□□世。」

[按語]

2018年9月慈溪市博物館徵集。蓋石高60.5、寬48、厚10.5厘米。誌石高61、寬48、厚9.5厘米。

篆蓋4行，前3行3字，末行2字；誌文正書，共28行，滿行40字。

明故養愚處士朱君墓誌銘

〇八八　陳廣墓誌銘 明弘治十七年（1504）十一月十六日

［蓋文］

松菴」陳公」墓誌」

［誌文］

故松菴處士陳公墓誌銘」

吾邑著姓陳氏，用礼將葬二親，踵門拜且泣曰："吾父諱廣，克鉅其字，而松菴」其號也。儀不德，禍延先人，弘治十六年十二月廿五日卒於正寢，生於庚子九月十一日子時，」享年九十有六。第生弗耀於時，爲恨耳。敢請一言，發潛闡幽，以□不朽，庶乎死有聞」於后，猶不死也。"余嘉其志，弗獲辭。謂東南文獻之邦，稱吾姚爲最，而吾姚衣冠望」族，惟陳氏。其先人自開封遷至古虞，既而分至吾姚鶴橋之陽。高大父諱奎，曾大」父諱啓之，大父諱伯賢，暨松菴公爲里閈推重，世世爲萬石長。其濟人利物之功，炳」炳在人耳目。以力甲其鄉，以德脩其身，以詩礼属其后，以科第傳其家。」敕封工部主事克莊先生，即松菴公之親弟也；屯部員外郎用常，即其猶子也；領」辛酉、甲子科鄉薦，若守正、守直、守礼，皆其姪孫也。其簪纓之盛，實吾邑之錚錚」者。

公自少器識殊衆，讀書好礼，重道親賢，涉獵百□，未嘗斯須去之。别築一」室於南山之阿，植松木數萬以資其家。年至八旬，遵例峨冠博带，以榮其身。厥」配俞氏，其生也，相松菴公無違德，其没也，先松菴公十六年。生子二，長份，有謀有爲，誠幹蠱」之子；次儀，從事藩省，而有兩任驛宰之榮。女一，適竹橋黄鼎。男孫八，言道、言泰、言」良、言恭、言策、言簡、言敬、言謹，而策、簡補邑庠弟子員，行將掇嵬科□」日。女孫三，長適東城谷浩，次適龍山于紳，季適新河周祚。曾男孫四，巽二、巽三、」巽四、巽五。曾女孫三，尚幼。今卜弘治十七年十一月十六日巳時合窆於南山之原。嗚」呼！陳氏之世德尚矣，銘以俟之，宜哉！銘曰：」

偉哉陳氏，克紹克承。孝友兼至，行義著稱。」厥德厚積，冠带光榮。倏忽遐棄，孰不傷情。

旹」弘治十七年歲次甲子冬十一月十六日吉旦」

賜進士出身、前刑部郎中、南昌府知府致仕同邑姻生滑浩謹誌。」

［按語］

2016年3月慈溪市博物館徵集。蓋、誌均磚質，高、寬均28、厚3.5厘米。

題蓋正書3行，行2字；誌文正書，共22行。

松菴
陳公
墓誌

○八九　魏英妻鍾氏墓誌銘 明正德八年（1513）十二月一日

［篆蓋］

誥封恭」人鍾氏」墓誌銘」

［誌文］

鍾恭人墓誌銘」

通議大夫户部左侍郎」賜告侍養前都察院右副都御史總督漕運無錫邵寶撰文」

中奉大夫廣東承宣布政使司左布政使邑人周津書丹」

中憲大夫巡撫大同都察院左僉都御史邑人王純篆蓋」

恭人鍾氏，都察院右副都御史致仕魏公士華之配也。初，公以進士爲太常博士，恭」人始封孺人。既而爲御史，爲湖廣按察副使、按察使，江西、雲南布政使，至今官副使，」一考有異政，故恭人受」誥得今號。

恭人出慈谿名族，大父曰霈，父曰深，皆鄉望也，母章氏。恭人生有淑質，幼能」誦詩書，笄而歸魏氏。既成婦，以孝稱於舅姑，以肅睦稱於娣姒宗姻。於是公在庠校，」未幾登進士第，歷官中外凡三十五年，自臬以前，恭人皆從藩，以後則留于家。其從」也，公有内助；其留也，公無内顧。君子謂是封也稱。

恭人平生言行多可采者。公嘗夜」讀，恭人久侍無怠。適至《鷄鳴》詩，公笑曰：“爾若而人哉。”恭人曰：“何敢，然敢不勉？”比在官，」恭人嘗謂公曰：“禄當求稱，若食浮於人，君媿之，吾亦媿之。”公頷謝焉。公二兄一弟先」後暨其室早世，遺孤女四人、男一人。恭人母之，婚嫁惟時，不惟其儀，惟其教。人謂其」儀可能也，其教不可能也。恭人既封猶績，或曰：“何自苦如此？”則舉古人鴆毒之言爲」謝。非令節望」祝，不御命服，燕服雅而必飭。急於周乏，自族姻至於鄰黨，蓋多感其惠者。公屢爲予言，」今讀楊方伯名父所爲狀，無間於公。

恭人卒於正德辛未十有二月一日，距其生天」順辛巳十有一月九日，年纔五十有一。子男二：長曰光嗣，太學生，娶福州府訓導周」德清女；其次充嗣，爲伯父葩後，娶瓊州知府余仲深女。女二：長歸楊名父之子孫斯，」次歸禮部郎中向中美之子璲。孫男一，曰印，尚幼。

恭人之卒，公巡撫貴州，越二年癸」酉十二月二十日，公歸而葬焉。墓在施嶴青陽山下□□□也，蓋光嗣實治之，至是」以公命來請銘。予在湖廣，與公爲東西寮，政暇胥會，嘗辱有“有道”之褒，因公以及其」室，固亦不能靳也。銘曰：」

妻道配地，成以代終。魏宗有慶，賢哉伯鍾。孰謂無儀，嘉號載」封。孺人維孺，恭人維恭。有考德者，吾銘是徵。」

[按語]

私人藏誌。篆蓋、誌石高、寬均60厘米。

篆蓋3行，行3字；誌文正書，共27行，滿行32字。

邵寶《容春堂後集》卷五收録本誌，亦題《鍾恭人墓誌銘》，文字稍有差異。石誌漫漶處據以補出。

誥封孺人鍾氏墓誌銘

○九○　徐天澤墓誌銘 明嘉靖七年（1528）閏十月二日

［篆蓋］

明故廣西」桂林府知」府蕙皋徐」公墓誌銘」

［誌文］

明故中憲大夫廣西桂林府知府徐君墓誌銘」

賜進士及第奉議大夫南京禮部主客司郎中安成鄒守益撰文」

賜進士出身奉議大夫南京禮部儀制司郎中東丘陳焕書丹」

奉天翊運推誠宣力守正文臣特進光禄大夫柱國南京兵部尚書兼都察院左都御史奉」敕提督兩廣江西湖廣等處軍務新建伯陽明山人王守仁篆盖」

徐君諱天澤，字伯雨，别號蕙皋外史，浙之餘姚人。曾祖伯昂，祖禄，俱不仕。考雲，贈工部主」事；妣闕，封安人。弘治壬戌，舉進士，授南京工部營繕司主事。乙丑，丁外艱。正德丁卯，服闋，」復其位。己巳，擢兵部職方司員外郎。辛未，擢吏部驗封司郎中。甲戌，遷知廣西太平府事。」丙子，以御史薦，改桂林府。未数月，都御史劾之，遂歸，時年三十有五。歸十有一年，嘉靖丁」亥八月十有七日卒于家。娶潘氏，封安人，生女二，適向瑜、陳陞。繼娶薛氏，子二，植、柟，尚幼。」其弟衡以戊子閏十月初二日奉葬于陳山小嶴祖塋之西。

君自幼豪鋭，博聞强記，文法」秦漢，書法松雪，詩喜長吉體，侃侃思表于世。弱冠翹然升仕籍，益務以氣節自負。在工部」時，逆瑾柄權，千户石文義附瑾，爲其伯父太監踰例求厚葬，君持不與，將藉瑾以傾君，尋」瑾敗，義亦就誅。君愈以自堅，曰："窮通命也，人其如我何。"然竟以伉直迕于時。其在吏部，衆」謂且大用，其長憾之，訴諸銓曹，遂出知太平。太平去京師萬里，皆夷獞難治。君至，興學隆」禮以變之。土官偃蹇，不就征調，爲諭以忠義，足其粮餉，皆讙呼就道。江州有黄清者爲亂，」帥府銜賞捕之，累歲弗能得，君以計説土官，伏兵擒之。御史以才薦，得改桂林，衆謂且升」矣。時撫按不協，方薦而劾，君復嘆曰："窮通命也，人其如我何。"既歸，杜門讀書，稗官小説，必」與校讐。遇佳山水處，悉經題品，擇當時名士更倡迭和，以爲至樂。

時陽明先生以道倡諸」士，其從弟珊從之游，君数辨難，以爲立異。既而見先生於會稽，親聞良知之教，始喟然曰：」"吾平日勞精竭力，博求於外，慞慞然不足。今反諸吾心，坦然而有餘也。"於是屏煩斂華，以」檢身寡過爲志，汲引多士，拳拳如不及。有誚其改前行以干名者，掉首咲曰："吾今始就實」地，追悔前行，乃殉名耳。"錢子寬曰："蕙皋晚年進道甚鋭，同志賴以奮發，昔不假年以竟其」成也。"陳子焕曰："伯雨，吾媚家也。先承德翁失明，躬時舐之。比治壙，夜宿壙中，俗謂之煖壙，」因病寒濕，終其身。闕氏子姓彫瘵，母以爲憂，悉迎與同甘苦，殯其老而婚其幼。待弟衡尤」友，故衡之喪之也哀。”予曰：“其然。”予聞諸徐子珊，亦若二子之言也，是宜得銘。銘曰：」

維古於學，脩身以敬。宣爲法言，措爲德行。棄根競葉，群迷所向。」辭章則靡，氣槩則伉。嗟嗟蕙皋，晚而有聞。胡不壽考，俾與斯文。」志長年短，將其尤誰？尚安其藏，銘以哀之。」

［按語］

2023年浙江慈溪市横河鎮子陵村小嶴出土，今存子陵村居民家。蓋石高59.5、寬60厘米，誌石高59.5、寬59厘米。

篆蓋4行，行4字；誌文正書，共29行，滿行34字。

明故廣西
桂林府知
府萬泉徐
公墓誌銘

明故中憲大夫廣西桂林府知府徐君墓誌銘
賜進士及第奉議大夫南京禮部主客司郎中安成鄒守益撰文
賜進士出身奉議大夫南京禮部儀制司郎中東丘陳煥書丹
奉天翊運推誠宣力守正文臣特進光祿大夫柱國南京兵部尚書兼都察院左都御史奉
勅提督兩廣江西湖廣等處軍務新建伯陽明山人王守仁篆蓋
徐君諱天澤字伯雨別號蕙臯外史浙之餘姚人曾祖伯昂祖祿俱不仕考雲贈工部主
事妣闕封安人弘治壬戌舉進士授南京工部營繕司主事乙丑丁外艱正德丁卯服闋
復其位己巳擢兵部職方司員外郎辛未擢吏部驗封司郎中甲戌遷知廣西太平府事
丙子以御史薦改桂林府未數月都御史劾之遂歸時年三十有五歸十有一年嘉靖丁
亥八月十有七日卒于家娶潘氏封安人生女二適向瑜陳[illegible]繼娶薛氏子二植柟尚幼
其弟衡以戊子閏十月初二日奉塟于陳山小礜祖塋之西君自幼豪銳傳聞強記[illegible]
[illegible][illegible]禮書法秋雪詩書長吉體侃侃思表于世弱冠翹然升仕籍益務以氣節自負[illegible][illegible]部
時逆瑾柄權干丞否文義附瑾為其伯父太監瑜例求厚塟君持不與將籍瑾以傾君[illegible]
瑾敗義亦就誅君愈以自堅曰窮通命也人其知我何然竟以伉直迕于時其在吏部[illegible]
謂且大用其長憾之訴諸銓曹遂出知太平太平去京師萬里皆夷獠難治君至興學隆
禮以變之土官倔蹇不就征調為諭以忠義足其粮餉皆讙呼就道江州有黃清者為亂
帥府銜賞捕之累歲弗能得君以計說土官伏兵擒之御史以才薦得改桂林衆謂且求
矣時撫按不協方薦而劾君復嘆曰窮通命也人其如我何既歸杜門讀書稗官小說亦
與校讐遇佳山水慮恣經題品擇當時名士更倡迭和以為至樂時陽明先生以道倡諸
士其從弟珊從之游君數辨難以為立異既而見先生於會稽親聞良知之教始瞿然曰
吾平日勞精竭力博求於外憧憧然不足今反諸吾心坦然而有餘也於是畧傾欽華以
檢身寡過為志汲引多士拳拳如不及有諸其改前行以千名者掉首咲曰吾今始能實
地追悔前行乃殉名耳錢子寬曰蕙臯晚年進道甚銳同志賴以奮發昔不假年以竟其
成也陳子燡曰伯雨吾姻家也先君德翁失明躬時鈫之比治壙夜宿壙中俗謂之煖壙
因病寒遂終其身闕氏子姓彫瘵母以為憂悲迎與同甘苦殯其老而婚其幼待弟衡尤
友故衡之卷之也哀子曰其然予聞諸徐子珊亦若二子之言也是宜得銘銘曰
維古於學　脩身以敬　宣為法言　措為德行　棄根競葉　群迷所向
辭章則靡　氣節則伉　嗟嗟蕙臯　晚而有聞　胡不壽考　俾與斯文
志長年短　將其尤誰　尚安其藏　銘以哀之

○九一　朱篪妻沈氏墓誌銘 明嘉靖二十六年（1547）十一月七日

[蓋文]

賜進士第中順大夫長沙知府同邑季本篆丹」

明故文林郎」江西道監察」御史思齋朱公」敕封孺人温」惠沈氏合葬」之墓」

嘉□□十六年十月二十五日吉旦立」（以上正面）

[誌文]

明故敕封孺人温惠朱母沈氏墓誌銘」

嘉靖己亥，」聖天子將卜」慈孝獻皇后南祔」顯陵，自二月乙卯躬率百官、六軍發京師。三月己卯，遂至承天。事出創有[1]，」所過畿輔河南之境，諸有司皇遽失備，或連壤繫獄。監察御史山陰」朱君篪甫出按至楚，餝謀展寀，獨井井稱」上意。乃道途訛言，流傳吴越，有謂君亦被逮，危甚。厥配孺人聞之，憂悖」不寢食，遂成疾，至五月二十九日卒。嗚呼！非柔良專一，委命所天，疇」克有是哉？即節順可知已。訃至楚，御史君哭之慟，左右上下聞之，莫」不哀悼。御史姚君虞作狀，屬余銘其墓，余安得辭。按狀：孺人出蕭山」長航沈氏，父瀍，母傅、陳，實生于陳氏，而於傅母慈孝皆一。資器端静，」父心恒奇之，後果歸御史君。在室時，二母罹大疫，並歿，家人欲徙他」避，孺人哀號不去喪次，曰："安有棄亡親而求自活者乎？"人稱爲孝女。」既爲婦，孝事舅姑，至大故，盡哀而執禮。性不豔榮利，凡御史君舉鄉」試、登進士，報至家，皆黯如常時。從尹休寧，謂御史君曰："吾聞牧民如」牧牛，吾生于農，知牧道矣，索地求芻，日飯夕飼，繩鼻策臂，目指氣使，」其有廢牛乎？"居泰興，見俸金入，目之曰："仕宦宜得者此耳，餘雖微，亦」墨也，墨則必敗。"君皆謝其言。比君報績入京，乃别曰："我則東歸矣，遣」子入學，以嗣世業，治廬舍，需晚計，此長慮也。"不踰年，兩事咸就，爽然」有敏丈夫之才。至其勤儉敦睦，化于家邦，慈惠莊肅，刑于子姓，則盡」閨閫之懿德也。拜命封孺人，時翟冠雲帔，施諸其躬，乃悒悒不樂曰：」"哀我先姑，不少須耳。"其可謂終慕，非耶？年僅四十有五，子孫之□□」熾未已，猶可證天道云。子男四，女一。孫男八，孫女四。墓在石姆山□原，」葬以嘉靖二十六年十一月初七日。銘曰：」

幻女軀，蘊男志。性諸天，通諸理。孝以生，順以死。」顯于夫，延于嗣。既全歸，永安止。」

大明通議大夫、工部左侍郎兼都察院右副都御史姑蘇顧璘撰。」（以上背面）

---

[1] 創有，"有"補於字行外。

［按語］

2020年5月慈溪市博物館徵集。誌磚高52.5、寬53.5、厚8厘米，磚一側鈐有長條形印二方，字畫模糊，僅可辨“直隸蘇州”字樣。

正面篆書6行，共28字，正書2行；背面誌文正書，共28行，滿行26字。

賜進士第中順大夫長沙知府同邑季本篆冊
明故文林郎
江西道監察
御史
新封孺人温
惠沈氏合葬
之墓
嘉
十六年十月二十五日吉旦立

明故敕封孺人温惠朱母沈氏墓誌銘
嘉靖己亥
聖天子將卜
慈孝獻皇后南祔
顯陵自二月乙卯躬率百官六軍發京師三月己卯遂至承天事出創有
所過畿輔河南之境諸有司皇遽失備或連壞繫獄監察御史山陰
朱君篪甫出按至楚飭謀展案獨井井稱
上意乃道途訛言流傳吳越有謂君亦被逮危甚厥配孺人聞之憂悸
不寢食遂成疾至五月二十九日卒嗚呼非柔良專一委命所天時
兢有是哉即節順可知已訃至楚御史君哭之慟左右上下聞之莫
不哀悼御史姚君虞作狀屬余銘其墓余安得辭按狀孺人出蕭山
長航沈氏父遷母傅陳實生于陳氏而於傅母慈孝皆一貫器端靜
父心恒奇之後果歸御史君在室時二母罹大疫並殁家人欲徙他
避孺人哀號不去喪次四安有棄戶親而求自活者乎人稱為孝女
既爲婦孝事舅姑至大故盡哀而執禮性不藎栄利凡御史君舉鄉
試登進士報至家皆黯如常時從尹休寧謂御史君曰吾聞牧民
牧牛吾生于農知牧道矣隶地求芻日飯夕飼繩鼻策臂目指氣使
其有廢牛乎居泰興見俸金入自之曰仕宦宜得者此耳餘雖微亦
墨也墨則必敗君揖謝其言比君報績入京乃別曰我歸東歸矣遣
子入學以嗣世業治廬舍需晚計此長慮也不踰年兩事咸就
有敏丈夫之才至其勤儉敦睦化于家邦慈惠莊肅刑于子姓則
閨閫之懿德也拜命封孺人時翟冠雲帔施諸其躬乃悒悒不
豪我先姑不少須耳其可謂終慕非耶年僅四十有五子孫
纖未已猶可證天道云子男四女一孫男八孫女四墓在石姆山
塋以嘉靖二十六年十一月初七日銘曰
幻女軀 蘊男志 性諸天 通諸理 孝以生 順以死
顯于夫 延于嗣 既全歸 永安止
大明通議大夫工部左侍郎兼都察院右副都御史姑蘇顧璘撰

○九二　陳炅母江三娘墓誌銘 明嘉靖三十八年（1559）十一月三十日

［誌文］

明陳母江孺人墓誌銘」

賜進士第文林郎山東道監察□」

邑山人□」

邑庠生文□」

邑庠生半峰□」

嘉靖己未歲，余備員内臺，柘浦宗第星，卜以是年冬十一月三十日葬母江氏□□□□□□□□」之岡。迺五月既望，使至，捧書幣、行實徵余銘。余固宗属，且於孺人之淑德徽音聞之□□□□□□」謹按系狀：

孺人出于江，諱三娘，梁吴興令文通公遥裔。高祖益，曾祖海，祖孟友，父和，俱□□□□□」毛氏，生母蘇氏，皆有賢行。孺人生而慧婉，稍長，遂精女工，從姆教，事父母孝愛天至。父母亦□□□」欲爲得佳壻，迺以歸西峰翁。

既入陳，恪脩婦道，事舅姑如父母，處妯娌如弟兄，門以内長幼無施□」宜。峰翁敦樸嘉遯，紹述先業，殫力用誉。孺人贊之，齊心經理，麄裳糲食，勤勤勉勉。居常執麻枲，御繅」車，杼軸嘔軋，率至夜分，不倦也。遭翁姑喪，與峰翁並哀毁，奠献之物，雖小亦必躬治，曰：“如是庶表爲」人子婦。”峰翁慎於追遠，孺人必潔蘋藻，薦苾芬，載醴醑，以相肆祀。峰翁歲節聚會，族鄗〔黨〕或親朋時至，」孺人豐酤羞，旅肴核，雖數，無怠意，曰：“在中饋職則然矣。”陳與江比鄰蜜〔密〕迩，孺人雖適陳，時視安父母，」有美味必餽迺嘗。

性仁厚，戚人困苦，從而假貸者頻亦不厭。聞富室有苛虐媵婢者，輒蹙頞惡之，而」於臧獲輩時覆以慈。峰翁嘗以藥餌施病，暑月以香薷施渴，孺人喜曰：“人當以惻隱存心，此亦濟人」利物之一事也，願君行之終始。”浦俗好訟，峰翁固恬簡安分，孺人時復規諷，故峰翁終身與衆無競，」足跡不躡公門，内助献替之益不可誣也。

峰翁既捐館，治喪百爲如禮，窀穸之營，庶務殷劇，孺人綜」理于内，解紛應卒，無晋難焉。恤諸孤甚恩，而不事姑息，屢辟咠詔之曰：“而父常云成立之難，覆墜之」甚易，又云業精于勤荒于嬉。尔曹處家爲學，能依兹德言，夙夜敬止，則前烈有光，家聲克振，可以慰」而父於九原矣。”諸子佩服惟謹，遊黌序，聲藉甚，蜚英幹家蠱者，敦行不怠。逮若孫輩聆慈誨之緒餘，」類皆蘭茁桂馨，鳶傍鵠峙，稱其家□□□□之功，顧不韙與？君子曰：“孺人始能女，中能婦，終能母，懿」行備矣。”

生弘治己未年八月十一日，殁於嘉靖三十三年八月廿一日，距生年享春秋五十有六。峰」翁先九年卒，葬范源山，善行僉憲尤公烈誌之悉矣，此不復贅。子男六人：曰□，曰易，曰星，曰昴，曰晏，」曰昂。晏峰翁側室潁氏出，炅蚤世，易、昴俱邑學弟子員，駸駸嚮用，亦不幸蚤世。孫男維忠、維節、維廉、」維楨。女孫蕙蘭。令德之胤，尚振振未艾也。

予不佞，夙荷峰翁、孺人厚愛，又叨與諸子下帷分漏，得沾」態〔熊〕丸餘苦，視諸子猶親弟昆也。玆者官守所縻，固不能千里命駕而號朝露之晞矣，銘非予而誰爲？」銘曰：

繄江之先，丕顯于梁。姓源既遠，善慶亦長。是生淑媛，端一誠莊。慎若姆導，愉婉悔亡。曰相□」翁，含坤之章。婦順母儀，終始允臧。嗣恪其訓，人揚其芳。昭焯閫範，麟稀鳳祥。有源之麓，迺奠」玄堂。幽陰鏤石，盛微載詳。維德不朽，厥澤無疆。宜爾孫子，千祀彌昌。」

[按語]

2017 年 12 月慈溪市博物館徵集。誌石右下角闕，高 56、寬 54、厚 2.5 厘米。

誌文行書，共 30 行，滿行 38 字。

據崇禎《寧海縣志》卷一《輿地 · 鄉都》，柘浦在朱開鄉十六都二圖，今屬浙江寧海縣茶院鄉。

○九三　邵悳容墓誌銘 明隆慶二年（1568）十二月二十三日

［誌文］

明故刑部漕運理刑主事九十四白竹邵公墓誌銘」

吾邑固多長者，以孝悌、政事、節槩著稱，年逾耋耄，猶抑抑朝夕自儆，至於交際宴會，一毫不爽」其度，白竹邵公一人而已。人謂其精神意氣如强壯，即百歲當過之，不意其竟不及也。卒之日，」不問識與不識，莫不爲之太息，非悲公年之不長也，蓋老成云亡，典刑遽失，嗟我後生，將安放」哉？公生而英敏，身不滿六尺，而心雄萬夫，立志嗜學，於書無所不讀，而尤精《三禮》。每議論，證據」古今，踔厲風發，常屈座中人，未第時，名聲已籍籍起。及正德丁卯舉于鄉，甲戌舉進士，毅然思」以功名事業見於天下。丁丑，授廬陵知縣。適曾國祥爲乱，勢猖獗，官兵不敢近。公至，籌筭既定，」乃號於衆曰："自吾視之，此賊机上肉耳，第如吾指。"一舉而賊果授首。邑中三九坊乘乱作奸弊，」公照刷搜剔無遺，六百里之間，風行草偃，而無一人不安居樂業者，於是民歌其德，既曰神明，」又曰父母焉。已而丁内艱，歸服闋。嘉靖壬午，補貴溪。貴溪地瘠民貧，且衝劇甚，而小民往往爲」豪右所苦。公持身正而疾惡嚴，非惟訖于威，亦訖於富，一邑横恣不法之徒，皆縮首斂跡。昔道」出貴溪者，取辦動逾常格，所司陪費不訾，公極力據法減省，十去八九，民瘼悉蠲，頌聲大作。當」是時，部使者交章薦之。癸未，擢刑部江西司主事。未幾，奉」敕駐節淮上，理漕運刑。公精白一心，令行言信，虧損官糧者罪，挾带私貨者罪。萬艘應期序進，無敢」違，稍違必治不貸。然剖决如流，無留獄，人咸畏其執法，亦稱便。舟車所過，官民必白於公。公念」地方凋瘵而供應浩繁，頗加意裁革，濫關多索之弊，一時頓絶。淮當南北之衝，過者利於遄發，」不耐稽查，權貴人過，多喜違道之奉。公性本抗直，見婞婀脂韋者，輒面斥之，以是即遇權貴人，」僅待之如禮。嘗曰："低眉回面以求媚權貴人，吾有投東海而去耳。"乃竟爲權貴人所中，左迁六」安州同知。向之過淮銜公者又來巡撫，公遂疏乞終養老父，飄然掛冠以歸。歸則率其弟若子」若姪，惟以孝養菊莊翁爲事，出入扶持，晨昏定省，凡口體志意，無一而弗適；自養生以至送死，」無一而弗以禮。又以《三禮》教其弟，悳久舉嘉靖甲午鄉試，姪型舉己酉鄉試，陛舉隆慶丁卯鄉」試、戊辰進士。兄弟子姪同居五十年，如塤如篪，内外無間言，蓋吾邑所僅有也。公優游稱老於」清風里第，暇日爲九老之會，談説嘉言善行，以訓諭其宗族，化導其鄉人。仕則見其政事節槩」焉，處則見其孝悌禮義焉，懷瑾握瑜，皎然不欺其志，古之所謂盛德君子者，非耶？公年逾七十，」即治壽藏，自爲表以識之。平生寡疾，今春忽不豫，隆慶戊辰年二月初七日乃正襟危坐而逝，」距生成化乙未年五月二十三日，享年九十有四。公諱悳容，字原廣，白竹其别號也。系出召公」奭，傳至漢，召信臣裔孫休爲青州守，避事，加邑爲邵。又傳至宋，康節先生孫諱溥爲徽猷閣待」制，扈高宗南渡都杭，因家焉。其三世孫諱淳爲新昌令，復家會稽。其二世孫諱誠致，揚州都巡，」偕子諱泰，宋季任奉化州牧，因家於餘姚今通德門清風里東。又四世諱復生，公高祖也。曾祖」諱悌思，妣王氏。祖諱珉，金谿儒學訓導，妣沈氏。考即菊莊翁，諱文達，封刑部主事，加贈工部郎」中；妣朱氏，贈安人，加贈宜人。娶孫氏，贈安人。繼娶應氏，封安人。又繼娶金氏，後公七月而卒。子」男三：垩□□□□娶謝氏，應出；疆，生員，螽世，側室湯氏出；垕，生員，娶陳氏，側室劉氏出。女二：回」姐，孫出，適倪貫；貞姐，金出，適舉人史自上。孫欽上，本縣陰陽訓術，娶倪氏；欽科，欽宣，欽徵。曾孫」洪立。□□□□□□□本子允爲公弟悳久壻，爰自交厚，結爲婚姻，故知公履歷世系頗詳，敢」忘鄙拙，謹比第其事而銘之。銘曰：

弱冠志與古人期，奮跡甲科逢明時。兩治岩邑公無私，去日」益久民益思。晋秩刑漕法自持，平生正直輕脂韋。但使心安理無違，何知身退數亦奇。力行孝」悌樂民彝，率禮蹈和百世師。天畀上壽更全歸，勒詞貞珉千古垂。」

〼大學士知〼」

[按語]

2018 年 9 月慈溪市博物館徵集。誌石高、寬均 56、厚 9 厘米。

誌文漫漶，正書 38 行，滿行 36 字。

吕本《期齋集》卷一一頁五七、民國《姚江邵氏宗譜·貽編》卷六《墓誌》頁七均載有此文，文字稍有差異，誌文漫漶處據補，并加底紋。

[illegible]
[illegible]偉得之[illegible]國高以未[illegible]人吾[illegible]為務貴人所中居廷六
[illegible]公者[illegible]未[illegible]公道[illegible]冠以歸之寓年其若子
[illegible]錫[illegible]後持晨昏[illegible]省[illegible]春隆[illegible]丁卯鄉
[illegible]以年第遇父蒼諸[illegible]十鄉[illegible]姪[illegible]之[illegible]
[illegible]同居五十年猶好虔內外無間[illegible]吾邑所違[illegible]
[illegible]老[illegible]會說[illegible]以訓[illegible]其[illegible]郎[illegible]
[illegible]十二月[illegible]卒[illegible]
[illegible]家稽典[illegible]微歆閣得
[illegible]議識褐州都巽
[illegible]見道四世[illegible]生公高祖也曾祖
[illegible]遂封邢部主事加贈工部郎
[illegible]娶金氏後公七月而卒子
[illegible]娶陳氏御至刘氏生女三回
[illegible]娶倪氏欽科款宣敕徵曾
[illegible]姻敬知公復歷世系頗詳最
[illegible]明時兩治當邑公無私去日
[illegible]盖遺何知身退數贏否力行孝
[illegible]古華[illegible]

邵惪容墓誌銘

〇九四　林希墓誌 明隆慶六年（1572）閏二月二十九日

［額文］

明故西門慨善林公墓誌

［誌文］

先君林姓，諱希，字世奇，行二，號慨善，創居西」門裏南畔。先君素性正直，鄉里称羡。續娶母」翁氏，生龍兄弟二人：長曰龍，本邑兵科兩考；」次曰靖。龍娶章氏，孫應雷、應雲，二女，未適。靖」娶蔣氏，未养，孫枝先。君生於正德三年戊辰」七月十三日子時，卒于隆慶六年閏二月廿六日」戌時。母生於正德己巳四年六月初七日辰」時，卒于隆慶元年十月廿三日辰時。先君創」業第一都竹嶺東岙山之原，卜隆慶六年閏二」月廿九日寅時合葬，乃成萬年之計。左北畔坟」一所三壙，乃無價義送與母前夫張思南伊」子婦葬，俱無禁地、竹木等項，永不許子孫附」葬云耳。」

旹大明隆慶六年歲次壬申仲春閏二月廿九」日辰時，孝子元龍、」元靖泣血誌。」

［按語］

私人藏誌。誌石圓首，左、右、上三邊刻卷雲紋，高39、寬38厘米。

題額正書，橫向單行10字；誌文正書，共16行，滿行17字。

明故西門慨善林公墓誌

先君林姓諱希字世奇行二號慨善創居西
門裏南畔先君素性正直鄉里称羨續娶母
翁氏生龍兄弟二人長曰龍本邑兵科兩考
次曰清龍娶章氏孫應雷應雲二女未適詩
娶蔣氏未恭孫枝先君生於正德三年戊辰
七月十三日子時卒于隆慶六年閏二月廿六日
戌時母生於正德己巳四年六月初七日辰
時卒于隆慶元年十月廿三日辰時先君創
業第二都竹嶺東岙山之原卜隆慶六年閏
月廿九日寅時合葬乃成萬年之計左北畔坟
一所三壙乃與價義送與母前夫張思南伯
子婦葬俱無禁也竹木等項永不許子孫附
葬云耳
旹大明隆慶六年歲次壬申仲春閏二月廿九
日辰時孝子元龍
元詩　泣血誌

〇九五　鍾祥繼室墓誌銘 明萬曆十九年（1591）五月二十一日

［誌文］

〼氏墓誌銘」

□□□□氏太宜人，余先大夫南峰公繼配，蓋夢叶其吉者□□」□勤儉，禔身愿肅，性好施予，睦於六[族]。連舉三丈夫：長曰轂，□□；」次即穀，以進士歷按察司副使；次曰德愛，邑學生。皆授以經，脱□」珥延師不恤也。先大夫寢疾，早晚湯藥必親致之，逾三年如一日，」每每夜不解衣，甚至連數晝夜不合睫者。先大夫不起，則□□骨」立，屢瀕於死，是其篤於恩義，天性固然也。晚年益□□□□□堅」鋭兹道，人每聞其室中異香擧，莫知其故。初以穀貴封太安人，加」封太宜人，冠帔赫奕，咸稱爲積德所宜云。萬曆丁丑，太宜人屆□」衮，適穀以聽調歸邑，津津甚喜。穀方幸依膝下，朝夕得承菽水□」八十二而考終。嗚呼！罔極之痛，曷勝哉！詎生於正德戊辰年五□」二十日辰時，卒於萬曆己丑年十月初一日午時。男轂娶□□□」公世民女，穀娶生員顧公一正女，繼娶會稽處士章如□□，德□」娶處士龔公愊女。孫男岳英，娶處士章君大化女，繼娶處士□君」□順女；泰英，娶典史陳君綵女；岐英，娶典史唐君拱禄女；□□□」□稽處士陈君濳女；廷英，娶會稽别駕王公錯女；延英，娶□□□」□□□君太學生以程女。孫女鳳姐，適生員丁君秉雍子□□；二」□□□□□□官陳君□□□史陳道熙；三鳳姐，適會稽尚□鄉」□□淳□□□□□□□□□未聘。玄孫士龍，聘儒士□□□女」□□□□□□玄孫女□□□辰姐、三辰姐、四辰姐、王□□□幼」□□□□□□□□卯年五月乙酉日，與沈宜人合葬□□□□」□□□□□□□□原。嗚呼□□□大夫蚤太宜人二十八年□」□□□□□蔡墓山祖□□□□□□□□□太宜人治□□□」□□□誌銘。穀等□□□□□□□而□□□□□次序□□□」□此銘曰：

天□□□□□□□□□□和，訓子惟義□□□□□」濟物〼」

〼泣血謹〼」

［按語］

2018年11月慈溪市博物館徵集。誌石右上、右下、左下角均殘，高64.5、寬64、厚12.5厘米。

誌文正書，共27行，滿行25字。

據餘姚友人商略所考，紹興府上虞縣有鍾穀者，嘉靖四十一年進士，官刑部員外郎貴州司郎中，有子廷英（光緒《上虞縣志》卷一〇頁一〇），與誌主之子、孫名諱同。鍾穀之父爲鍾祥，萬曆《上虞縣志》卷一三頁一八：“鍾祥，以子穀贈刑部主事，加贈員外郎。”是誌出土於餘姚梁弄一帶，接近上虞，故誌主之夫家或是鍾氏。

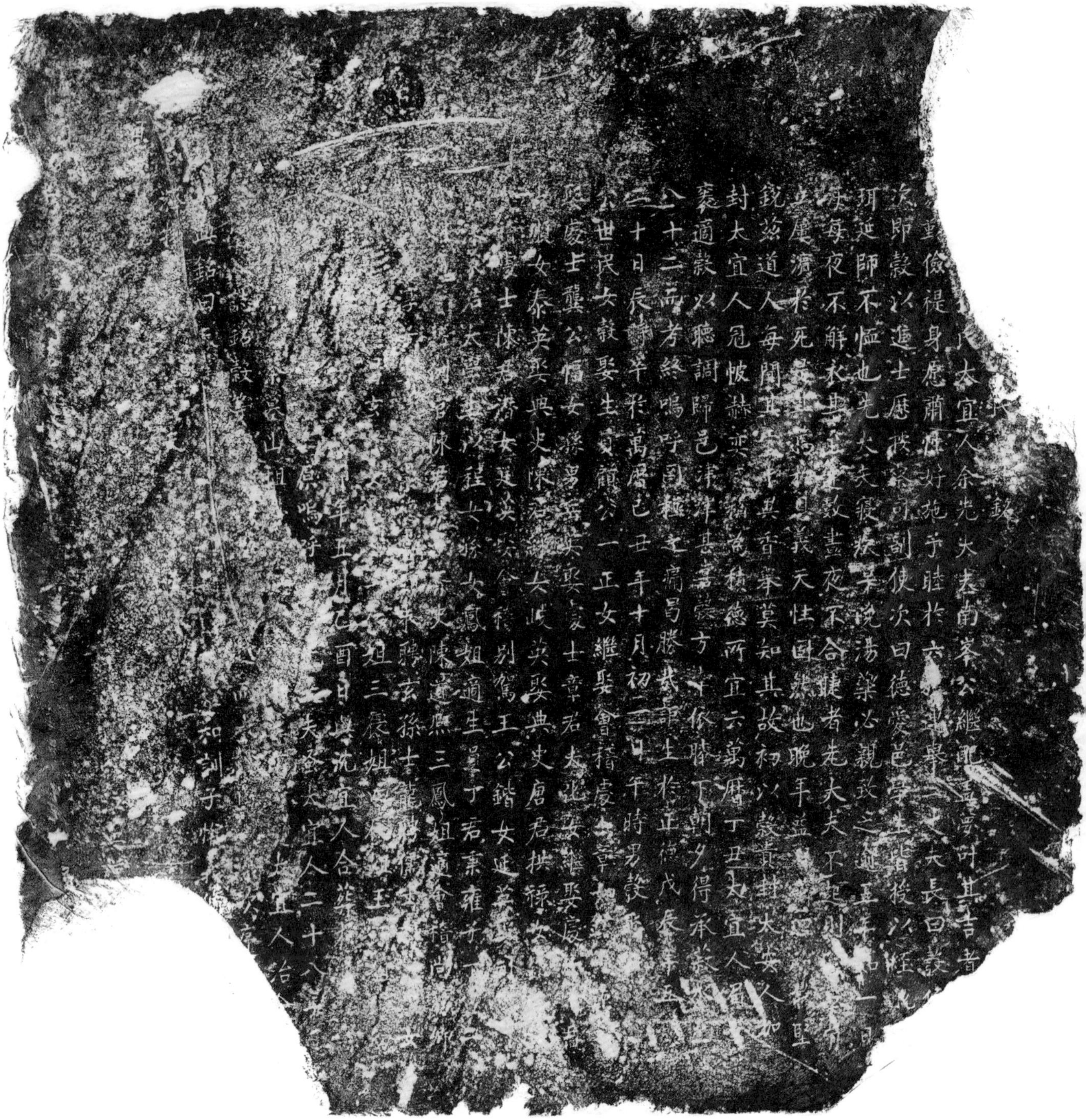

圖書在版編目(CIP)數據

慈溪新藏歷代墓誌地券拓片輯録 / 厲祖浩主編;慈溪市文物保護中心編. —上海：上海古籍出版社，2024.5

ISBN 978-7-5732-1148-4

Ⅰ.①慈… Ⅱ.①厲… ②慈… Ⅲ.①墓志—拓片—慈溪—古代 Ⅳ.①K877.45

中國國家版本館 CIP 數據核字(2024)第 091538 號

慈溪新藏歷代墓誌地券拓片輯録

厲祖浩　主編

慈溪市文物保護中心　編

上海古籍出版社出版發行

(上海市閔行區號景路 159 弄 1-5 號 A 座 5F　郵政編碼 201101)

(1) 網址：www.guji.com.cn

(2) E-mail：guji1@guji.com.cn

(3) 易文網網址：www.ewen.co

杭州佳園彩色印刷有限公司印刷

開本 889×1194　1/16　印張 14.25　插頁 9　字數 195,000

2024 年 5 月第 1 版　2024 年 5 月第 1 次印刷

ISBN 978-7-5732-1148-4

K·3594　定價：150.00 元

如有質量問題,請與承印公司聯繫